100 RECEPTOV ZA MARINADO, KI JIH LAHKO SOLIMO, OCVREMO IN POJEMO

Najboljša zbirka receptov za vlaganje

SONJA LESJAK

Avtorski material ©2024

Vse pravice pridržane

Nobenega dela te knjige ni dovoljeno uporabljati ali prenašati v kakršni koli obliki ali na kakršen koli način brez ustreznega pisnega soglasja založnika in lastnika avtorskih pravic , razen kratkih citatov, uporabljenih v recenziji. Ta knjiga se ne sme obravnavati kot nadomestilo za zdravniški, pravni ali drug strokovni nasvet.

KAZALO

KAZALO 3
UVOD 6
SADNE KUMACE 7
   1. Začinjene figove kumarice 8
   2. Vložena pesa 10
   3. Mešane sadne kumarice 12
   4. Začinjeni jabolčni obročki 14
   5. Cantaloupe kumarice 16
   6. Mangova kisla kumarica 18
   7. Sladke in pikantne ananasove kumarice 20
   8. Ingvirirane hruške 22
   9. Brusnične pomarančne kumarice 24
   10. Kiwi Jalapeño kisla kumarica 26
   11. Slivove in ingverjeve kumarice 28
   12. Mešanica tropskega sadja 30
   13. Malina balzamična kisla kumarica 32
   14. Kisla kumarica Citrus Ingver 34
   15. Medeno-limetina mango kisla kumarica 36
   16. Češnja in mandlji 38
   17. Kisla kumarica z limonino baziliko 40
   18. Kisla kumarica Guava Chili 42
   19. Borovničeva meta 44
   20. Starfruit Ingverjeva kisla kumarica 46
   21. Začinjena pomarančna kumarica 48
   22. Sladke in ostre kisle pese 50
ZELENJAVNE KUMACE 52
   23. Kisle kumarice iz kopra 53
   24. Kumarice kruha in masla 56
   25. Fresh -Pack Dill Kumarice 58
   26. Bučke-ananasove kumarice 60
   27. Sladke kisle kumarice 62
   28. Štirinajstdnevne sladke kumarice 64
   29. Hitre sladke kumarice 66
   30. Vloženi šparglji 68
   31. Vložen zdrobljen fižol 70
   32. Vložena solata s tremi fižoli 72
   33. Vloženo korenje 74
   34. Vložena cvetača / Bruselj 76
   35. Čajota in kisle kumarice Jicama 78
   36. Vložene Jicama iz kruha in masla 80

37. Marinirane cele gobe 82
38. Vložena okra 84
39. Vložena biserna čebula 86
40. paprika z limono in origanom 88
41. Vložena paprika 90
42. Vložene pekoče paprike 92
43. Vloženi obročki jalapeño paprike 95
44. Obločki vložene rumene paprike 97
45. Vloženi sladki zeleni paradižniki 99
46. Vložene bučke iz kruha in masla 101
47. Sladke kisle kumare 103
48. Narezane kumarice iz kopra 105
49. Narezane sladke kumarice 107

MEŠANE ZELENJAVNE KUMACE 109
50. Piccalilli 110
51. Vložena mešana zelenjava 112
52. Giardiniera 114
53. Sladke in pikantne mešane kisle kumarice 116
54. Mediteranska vložena zelenjava 118
55. Pikantna azijska vložena zelenjava 120
56. Indijska mešana kumarica (Achaar) 122

KIMČI 124
57. Napa zelje Kimchi 125
58. Kitajsko zelje in bok čoj kimči 127
59. kitajski kimchi 130
60. Beli Kimchi 132
61. Redkev Kimchi 134
62. Hitri kimči s kumarami 137
63. Veganski kimchi 139
64. Baechu Kimchi (kimči iz celega zelja) 141
65. Kumarin Kimchi/Oi- Sobagi 143
66. Bela redkev Kimchi/ Kkakdugi 146
67. Drobnjak Kimchi/Pa-Kimchi 149

KISLO ZELJE 151
68. Osnovno kislo zelje 152
69. Začinjeno vloženo zelje 154
70. Pikantno azijsko vloženo zelje 156
71. Jabolčni kis Vloženo zelje 158
72. Vloženo zelje s koprom in česnom 160
73. Jabolčno in korenčkovo kislo zelje 162
74. Kislo zelje z ingverjem in kurkumo 164
75. Jalapeño in česnovo kislo zelje 166
76. Kislo zelje iz pese in zelja 168

77. Ananas Jalapeño Kislo zelje 170
78. Curry Kraut 172
79. Pomarančno in rožmarinovo kislo zelje 174
80. Kislo zelje iz kopra 176
81. Dimljena paprika kislo zelje 178
VLOŽENI ČATNIJI IN RELIŠI 180
82. Chayote Pear Relish 181
83. Tangy Tomatillo Relish 183
84. Okus vloženih zelenih paradižnikov 185
85. Salsa z mangom in ingverjem 187
86. Kisle kumarice Relish 189
87. Tomatillo in avokadov okus 191
88. Vložena paprika-čebula Relish 193
89. Vložena koruza 195
90. Začinjen Jicama Relish 197
91. Okus vloženih zelenih paradižnikov 199
92. Vložena paprika-čebula Relish 201
93. Začinjena breskova jabolčna salsa 203
94. Začinjen cimet Jicama Relish 205
95. Brusnično pomarančni čatni 207
96. Mangov čatni 209
97. Brusnično-pomarančni okus z ingverjem 211
98. Chutney iz vloženih fig in rdeče čebule 213
99. Pražena rdeča paprika in orehov okus 215
100. Ananas Mint Chutney 217
ZAKLJUČEK 219

UVOD

Potopite se v svet pikantnih, hrustljavih in aromatičnih užitkov z «100 receptov za marinado, ki jih lahko solimo, ocvremo in pojemo», vrhunsko zbirko receptov za vlaganje, ki bo povzdignila vaše brbončice in običajne sestavine spremenila v izjemne dobrote. Ta kuharska knjiga je vaš vodnik po umetnosti kisanja, kjer alkimija slanice in časa spremeni sadje, zelenjavo in drugo v neustavljive, pikantne stvaritve. S 100 natančno izdelanimi recepti se pripravite, da se podate na kulinarično pustolovščino, ki prikazuje vsestranskost in okusnost vloženih užitkov.

Predstavljajte si kozarce, obložene z živahnimi odtenki, od katerih vsak vsebuje edinstveno mešanico začimb, zelišč in čarovnije vlaganja. »Vloženo« ni le zbirka receptov; to je praznovanje starodavne tradicije ohranjanja, izboljšanja okusov in dodajanja čudovitega okusa vašim obrokom. Ne glede na to, ali ste izkušen kisalec ali radoveden začetnik, ti recepti so zasnovani tako, da navdihnejo ustvarjalnost v kuhinji in razveselijo vaše brbončice z vsakim pikantnim grižljajem.

Od klasičnih vloženih kumaric iz kopra do inovativnega vloženega sadja in od hrustljavo ocvrtih vloženih kumaric do slastnih vloženih prilog, ta zbirka pokriva celoten spekter možnosti vlaganja. Ne glede na to, ali gostite poletni žar, pripravljate osupljivo desko za mesne izdelke ali preprosto želite dodati pico v svoje dnevne obroke, je "Pickled" vaš vir za mojstrstvo kisanja.

Pridružite se nam, ko raziskujemo transformativno moč slanice, umetnost uravnovešanja okusov in veselje ob ustvarjanju vloženih mojstrovin, ki bodo postale zvezde vašega kulinaričnega repertoarja. Torej, zgrabite svoje kozarce, zavihajte rokave in se potopimo v svet vlaganja z «100 receptov za marinado, ki jih lahko solimo, ocvremo in pojemo».

SADNE KUMACE

1.Začinjene figove kumarice

SESTAVINE:
- 2 skodelici svežih fig, prepolovljenih
- 1/2 skodelice balzamičnega kisa
- 1/4 skodelice medu
- 1 čajna žlička gorčičnih semen
- 1/2 čajne žličke črnega popra
- 1/2 čajne žličke cimeta
- Ščepec soli

NAVODILA:
a) V ponvi zmešajte balzamični kis, med, gorčična semena, črni poper, cimet in ščepec soli. Dušimo toliko časa, da se zmes rahlo zgosti.
b) V ponev dodamo razpolovljene fige in kuhamo toliko časa, da se fige zmehčajo.
c) Pustite, da se začinjena figa ohladi, preden jo preložite v čiste kozarce. Zapremo in ohladimo.
d) Ta kisla kumarica je odličen dodatek k solatam, lahko pa jo postrežete poleg pečenega mesa.

2. Vložena pesa

SESTAVINE:
- 7 lbs. pese
- 4 skodelice 5% kisa
- 1-2 žlički sol za vlaganje
- 2 skodelici sladkorja
- 2 skodelici vode
- 2 cimetovi palčki
- 12 celih nageljnovih žbic
- 4 čebule , olupite in na tanko narežite d

NAVODILA:
a) C kuhar pesa do mehkega, približno 25 minut.
b) Ohladite peso in zdrs kože. Narežite peso.
c) Zmešajte kis, sol, sladkor in sladko vodo.
d) zavežemo v vrečko iz gaze in dodamo zmesi .
e) Dodajte peso in čebulo. Dušimo 5 minut.
f) Odstranite vrečko z začimbami.
g) Vroče kozarce napolnite s peso in čebulo, pri čemer pustite 1/2-palčni prostor .
h) Dodajte vročo raztopino kisa in pustite 1/2-palčni prostor .
i) Spustite zračne mehurčke.
j) Kozarce dobro zapremo, nato pa 5 minut segrevamo v vodni kopeli.

3.Mešane sadne kumarice

SESTAVINE:
- 3 lbs. breskve
- 3 lbs. Hruške, olupljene, razpolovljene, sredice in narezane na kocke
- 1 1/2 lbs. premalo zrelo zeleno grozdje brez pečk
- 10-oz kozarec češenj maraskino
- 3 skodelice sladkorja
- 4 skodelice vode

NAVODILA:
a) Grozdje potopite v raztopino askorbinske kisline.
b) Dip breskve v vreli vodi 1 minuto, da se lupine zrahljajo.
c) Odlepite kože. Prerežite na pol, kocko in hranimo v raztopini z grozdjem.
d) Dodajte hruške.
e) Mešano sadje odcedimo.
f) V kozici zavremo sladkor in vodo. V vsak vroč kozarec dodajte 1/2 skodelice vročega sirupa
g) Nato dodajte nekaj češenj in nežno napolnite kozarec z mešanim sadjem in še vročim sirupom.
h) Pustite 1/2-palčni prostor.
i) Spustite zračne mehurčke.
j) Kozarce dobro zapremo, nato pa 5 minut segrevamo v vodni kopeli.

4.Začinjeni jabolčni obročki

SESTAVINE:
- 12 lbs. čvrsta trpka jabolka , oprana, rezine d, in jedro d
- 12 skodelic sladkorja
- 6 skodelic vode
- 1/4 skodelice 5% belega kisa
- 8 cimetovih palčk
- 3 žlice celih nageljnovih žbic
- 1 čajna žlička rdeče jedilne barve

NAVODILA:
a) potopim se jabolka v raztopini askorbinske kisline .
b) Zmešajte sladkor, vodo, kis, nageljnove žbice, cimetove bonbone in palčke ter barvila za živila.
c) Mešajte in dušimo 3 minute.
d) Jabolka odcedimo, dodamo v vroč sirup in kuhamo 5 minut.
e) Vroče kozarce napolnite z jabolčnimi obročki in vročim aromatiziranim sirupom, pri čemer pustite 1/2-palčni prostor .
f) Spustite zračne mehurčke.
g) Kozarce dobro zapremo, nato pa 5 minut segrevamo v vodni kopeli.

5.Cantaloupe kumarice

SESTAVINE:
- 5 lbs. 1-palčnih kock melone
- 1 čajna žlička zdrobljenih kosmičev rdeče paprike
- 2 cimetovi palčki
- 2 žlički mletih nageljnovih žbic
- 1 čajna žlička mletega ingverja
- 4 1/2 skodelice jabolčnika 5% kisa
- 2 skodelici vode
- 1 1/2 skodelice belega sladkorja
- 1 1/2 skodelice rjavega sladkorja

NAVODILA:
PRVI DAN:
a) dajte melono, poprove kosmiče, cimetove palčke, nageljnove žbice in ingver.
b) V loncu zmešajte kis in vodo. Zavremo.
c) Dodajte vrečko začimb in namočite 5 minut, občasno premikajte.
d) Prelijemo čez koščke melone v skledi.
e) Ohladite čez noč.

DRUGI DAN:
f) P našo raztopino kisa v ponev; zavrite na pari.
g) Dodajte sladkor in melono ter ponovno zavrite.
h) Kuhamo približno 1 do 1/4 ure. Dati na stran.
i) Preostalo tekočino naj vre še 5 minut.
j) Dodajte melono in ponovno zavrite.
k) Zalijte kos v vroče pollitrske kozarce, pri čemer pustite 1-palčni prostor.
l) Prelijte z vrelim sirupom in pustite 1/2-palčni prostor.
m) Spustite zračne mehurčke.
n) Kozarce dobro zapremo, nato pa 5 minut segrevamo v vodni kopeli.

6.Mangova kisla kumarica

SESTAVINE:
- 2 skodelici surovega manga, olupljenega in narezanega na kocke
- 1/2 skodelice gorčičnega olja
- 1 žlica gorčičnih semen
- 1 čajna žlička semen piskavice
- 1 čajna žlička semen koromača
- 1 čajna žlička kurkume
- 1 žlica rdečega čilija v prahu
- 1 žlica soli
- 1 žlica jaggerja (neobvezno, za sladkost)

NAVODILA:
a) Segrevajte gorčično olje, dokler se ne pokadi, nato pustite, da se nekoliko ohladi.
b) V ponvi na suho prepražimo gorčična semena, semena piskavice in semena komarčka, dokler ne zadišijo. Zmeljemo jih v grob prah.
c) Mlete začimbe v prahu zmešajte s kurkumo, rdečim čilijem v prahu, soljo in jaggerjem .
d) V skledi zmešajte na kocke narezan surov mango z mešanico začimb.
e) Mangovo zmes prelijemo z rahlo ohlajenim gorčičnim oljem in dobro premešamo.
f) Mangovo kislo kumarico preložimo v čiste kozarce, dobro zapremo in pustimo zoreti nekaj dni, preden jo postrežemo.

7. Sladke in pikantne ananasove kumarice

SESTAVINE:
- 2 skodelici ananasa, narezanega na kocke
- 1/2 skodelice belega kisa
- 1/2 skodelice sladkorja
- 1 čajna žlička gorčičnih semen
- 1 čajna žlička semen koromača
- 1 čajna žlička rdečih čilijevih kosmičev
- 1/2 čajne žličke kurkume
- 1/2 čajne žličke črne soli

NAVODILA:
a) V ponvi zmešajte beli kis, sladkor, gorčična semena, semena komarčka, kosmiče rdečega čilija, kurkumo in črno sol. Segrevamo toliko časa, da se sladkor raztopi.
b) V ponev dodamo na kocke narezan ananas in dušimo, da se ananas rahlo zmehča.
c) Pustite, da se sladka in pikantna ananasova kumarica ohladi, preden jo preložite v čiste kozarce. Zapremo in ohladimo.
d) Ta kisla kumarica je okusna priloga mesu na žaru ali pa jo uživate samostojno.

8.Ingvirirane hruške

SESTAVINE:
- 2 skodelici olupljenih in narezanih hrušk
- 1/2 skodelice jabolčnega kisa
- 1/2 skodelice medu
- 1 žlica svežega naribanega ingverja
- 1 čajna žlička gorčičnih semen
- 1/2 čajne žličke cimeta
- 1/2 čajne žličke nageljnovih žbic
- Ščepec soli

NAVODILA:
a) V ponvi zmešajte jabolčni kis, med, nariban ingver, gorčična semena, cimet, nageljnove žbice in ščepec soli. Zavremo.
b) V ponev dodajte narezane hruške in jih kuhajte, dokler niso mehke, vendar ne kašaste.
c) Pustite, da se vložena hruška ohladi, preden jo preložite v čiste kozarce. Zapremo in ohladimo.
d) Ta kisla kumarica se dobro ujema s sirom in krekerji ali kot začimba k jedem iz svinjine.

9. Brusničné pomarančné kumarice

SESTAVINE:
- 2 skodelici svežih brusnic
- 1 skodelica pomarančne lupine, narezane na tanke rezine
- 1 skodelica sladkorja
- 1 skodelica belega kisa
- 1 čajna žlička cimeta
- 1/2 čajne žličke nageljnovih žbic
- Ščepec soli

NAVODILA:
a) V ponvi zmešajte sladkor, beli kis, cimet, nageljnove žbice in ščepec soli. Pustimo vreti toliko časa, da se sladkor raztopi.
b) V ponev dodamo sveže brusnice in na tanke rezine narezano pomarančno lupinico. Kuhamo toliko časa, da brusnice popokajo in se zmes zgosti.
c) Pustite, da se brusnično pomarančna kumarica ohladi, preden jo preložite v čiste kozarce. Zapremo in ohladimo.
d) Ta kisla kumarica je praznični dodatek k prazničnim jedem in se odlično poda k perutninskim jedem.

10.Kiwi Jalapeño kisla kumarica

SESTAVINE:
- 2 skodelici kivija, olupljenega in narezanega
- 1-2 jalapeña, narezana (prilagodite glede na začimbne nastavitve)
- 1/2 skodelice riževega kisa
- 1/4 skodelice medu
- 1 čajna žlička črnega sezama
- Ščepec soli

NAVODILA:
a) V skledi zmešajte rižev kis, med, semena črnega sezama in ščepec soli. Mešajte, dokler se dobro ne poveže.
b) V skledo dodajte narezan kivi in jalapeños, pazite, da so prekriti z mešanico kisa.
c) Pustite kivi jalapeño, da se marinira vsaj eno uro, preden jo prestavite v čiste kozarce. Zapremo in ohladimo.
d) Ta kisla kumarica doda sladko in pikantno piko na i solatam ali kot preliv za ribe na žaru.

11. Slivove in ingverjeve kumarice

SESTAVINE:
- 2 skodelici sliv, izkoščičenih in razpolovljenih
- 1/2 skodelice jabolčnega kisa
- 1/4 skodelice rjavega sladkorja
- 1 žlica svežega naribanega ingverja
- 1 čajna žlička gorčičnih semen
- 1/2 čajne žličke koriandrovih semen
- Ščepec soli

NAVODILA:
a) V ponvi zmešajte jabolčni kis, rjavi sladkor, nariban ingver, gorčična semena, koriandrova semena in ščepec soli. Dušimo toliko časa, da se sladkor raztopi.
b) V ponev dodamo razpolovljene slive in kuhamo toliko časa, da se slive zmehčajo.
c) Pustite, da se kumarica iz sliv in ingverja ohladi, preden jo preložite v čiste kozarce. Zapremo in ohladimo.
d) Ta kisla kumarica je čudovita začimba za meso na žaru ali pa jo lahko uživate s sirom in krekerji.

12. Mešanica tropskega sadja

SESTAVINE:
- 1 skodelica manga, narezanega na kocke
- 1 skodelica ananasa, narezanega na kocke
- 1 skodelica papaje, narezane na kocke
- 1/2 skodelice limetinega soka
- 1/4 skodelice medu
- 1 čajna žlička čilija v prahu
- 1/2 čajne žličke kumine
- Ščepec soli

NAVODILA:
a) V skledi zmešajte na kocke narezan mango, ananas in papajo.
b) V ločeni skledi zmešajte limetin sok, med, čili v prahu, kumino in ščepec soli.
c) Preliv prelijemo čez mešanico tropskega sadja in premešamo, dokler ni dobro prekrita.
d) Pustite, da se kumarica marinira vsaj eno uro, preden jo preložite v čiste kozarce. Zapremo in ohladimo.
e) Ta kisla kumarica iz tropskega sadja je osvežilen dodatek k poletnim solatam, lahko pa jo postrežemo z morskimi sadeži na žaru.

13. Malina balzamična kisla kumarica

SESTAVINE:
- 2 skodelici svežih malin
- 1/2 skodelice balzamičnega kisa
- 1/4 skodelice medu
- 1 čajna žlička črnega popra
- Ščepec soli

NAVODILA:
a) V ponvi zmešajte balzamični kis, med, črni poper in ščepec soli. Segrevamo toliko časa, da se zmes rahlo zgosti.
b) V ponev dodamo sveže maline in kuhamo, dokler maline ne razpadejo in zmes ne dobi marmelade.
c) Malinovo balzamiko pustite, da se ohladi, preden jo preložite v čiste kozarce. Zapremo in ohladimo.
d) Ta sladka in pikantna kisla kumarica se dobro ujema s sirom ali pa jo lahko uporabite kot preliv za sladice.

14.Kisla kumarica Citrus Ingver

SESTAVINE:
- 1 skodelica pomarančnih rezin, olupljenih
- 1 skodelica olupljenih krhljev grenivke
- 1 žlica svežega ingverja, drobno naribanega
- 1/4 skodelice belega vinskega kisa
- 1/4 skodelice sladkorja
- 1/2 čajne žličke kardamoma
- Ščepec soli

NAVODILA:
a) V skledi zmešajte krhlje pomaranče, krhlje grenivke in drobno nariban ingver.
b) V kozici segrejte beli vinski kis, sladkor, kardamom in ščepec soli. Mešajte, dokler se sladkor ne raztopi.
c) Vročo mešanico kisa prelijte čez mešanico citrusov in ingverja. Dobro premešaj.
d) Pustite, da se kumarica citrusov in ingverja ohladi, preden jo preložite v čiste kozarce. Zapremo in ohladimo.
e) Ta kisla kumarica je osvežujoč dodatek k solatam, lahko pa jo postrežemo k piščancu ali ribam na žaru.

15. Medeno-limetina mango kisla kumarica

SESTAVINE:
- 2 skodelici zrelega manga, narezanega na kocke
- 1/4 skodelice limetinega soka
- 2 žlici medu
- 1 čajna žlička čilija v prahu
- 1/2 čajne žličke kumine
- Ščepec soli

NAVODILA:
a) V skledi zmešajte na kocke narezan zrel mango, limetin sok, med, čili v prahu, kumino in ščepec soli.
b) Mešajte sestavine, dokler ni mango dobro prekrit z mešanico medu in limete.
c) Pustite, da se medeno-limetina mangova kumarica marinira vsaj eno uro, preden jo prestavite v čiste kozarce. Zapremo in ohladimo.
d) Ta sladka in pikantna kisla kumarica je čudovita priloga mesu na žaru ali pa jo uživate samostojno.

16. Češnja in mandlji

SESTAVINE:
- 2 skodelici svežih češenj, izkoščičenih in razpolovljenih
- 1/2 skodelice rdečega vinskega kisa
- 1/4 skodelice mandljevih rezin
- 2 žlici sladkorja
- 1/2 čajne žličke vanilijevega ekstrakta
- Ščepec soli

NAVODILA:
a) V ponvi zmešajte rdeči vinski kis, rezine mandljev, sladkor, vanilijev ekstrakt in ščepec soli. Segrevamo toliko časa, da se sladkor raztopi.
b) V ponev dodamo izkoščičene in razpolovljene sveže češnje in kuhamo toliko časa, da se češnje zmehčajo.
c) Češnjevo mandljevo kislo kumaro ohladimo, preden jo preložimo v čiste kozarce. Zapremo in ohladimo.
d) Ta kisla kumarica je edinstven dodatek k solatam ali pa jo lahko postrežemo k sladicam, kot je vanilijev sladoled.

17. Kisla kumarica z limonino baziliko

SESTAVINE:
- 2 skodelici limone, narezane na tanke rezine
- 1/2 skodelice svežih listov bazilike, sesekljanih
- 1/4 skodelice belega vinskega kisa
- 2 žlici sladkorja
- 1 čajna žlička črnega popra v zrnu
- Ščepec soli

NAVODILA:
a) V skledi zmešajte na tanke rezine narezane limone, sesekljano svežo baziliko, beli vinski kis, sladkor, črni poper v zrnu in ščepec soli.
b) Sestavine premešajte, dokler niso rezine limone dobro prekrite z mešanico kisa.
c) Pustite, da se kumarica z limonino baziliko marinira vsaj eno uro, preden jo prestavite v čiste kozarce. Zapremo in ohladimo.
d) Ta kisla kumarica doda solatam kanček citrusov in zeliščnih okusov ali pa jo lahko uporabite kot okras za morske jedi.

18.Kisla kumarica Guava Chili

SESTAVINE:
- 2 skodelici zrele guave, narezane na kocke
- 1/4 skodelice limetinega soka
- 2 žlici čilija v prahu
- 1 žlica medu
- 1 čajna žlička kumine
- Ščepec soli

NAVODILA:
a) V skledi zmešajte na kocke narezano zrelo guavo, limetin sok, čili v prahu, med, kumino in ščepec soli.
b) Mešajte sestavine, dokler guava ni dobro prekrita z mešanico čilija in limete.
c) Pustite, da se kumarica guava čili marinira vsaj eno uro, preden jo prestavite v čiste kozarce. Zapremo in ohladimo.
d) Ta sladka in pikantna kisla kumarica je edinstven in tropski dodatek k solatam ali pa jo lahko uživate samostojno.

19. Borovničeva meta

SESTAVINE:
- 2 skodelici svežih borovnic
- 1/2 skodelice jabolčnega kisa
- 1/4 skodelice medu
- 1/4 skodelice svežih listov mete, sesekljanih
- 1/2 čajne žličke cimeta
- Ščepec soli

NAVODILA:
a) V ponvi zmešajte jabolčni kis, med, sesekljane liste mete, cimet in ščepec soli. Segrevajte, dokler se med ne raztopi.
b) V ponev dodamo sveže borovnice in dušimo, da se jagode rahlo zmehčajo.
c) Pustite borovničevo meto, da se ohladi, preden jo preložite v čiste kozarce. Zapremo in ohladimo.
d) Ta kisla kumarica je odličen dodatek k jogurtu, sladicam, lahko pa jo postrežete tudi kot začimbo k mesu na žaru.

20.Starfruit Ingverjeva kisla kumarica

SESTAVINE:
- 2 skodelici narezanega zvezdastega sadja (karambole).
- 1/4 skodelice riževega kisa
- 2 žlici svežega naribanega ingverja
- 1 žlica sladkorja
- 1 čajna žlička črnega sezama
- Ščepec soli

NAVODILA:
a) V skledi zmešajte narezano zvezdasto sadje, rižev kis, nariban ingver, sladkor, semena črnega sezama in ščepec soli.
b) Mešajte sestavine, dokler ni zvezdastega sadja dobro prekrita z mešanico kisa.
c) Pustite, da se kisla kumarica zvezdastega sadja in ingverja marinira vsaj eno uro, preden jo prestavite v čiste kozarce. Zapremo in ohladimo.

21. Začinjena pomarančna kumarica

SESTAVINE:
- 1,4 kg (približno 4 velike) pomaranče
- 1 žlička soli
- 400 g sladkorja v prahu
- 21/2 žlice zlatega sirupa
- 185 ml (3/4 skodelice) belega vinskega kisa
- 125 ml (1/2 skodelice) svežega pomarančnega soka
- 6 rezin svežega ingverja
- 1 žlička zdrobljenega črnega popra
- 1 cimetova palčka
- 1 žlička celih nageljnovih žbic

NAVODILA:
a) Pomaranče in sol dajte v veliko ponev in prelijte s hladno vodo.
b) Na pomaranče položite krožnik, da ostanejo potopljeni.
c) Pustite vreti na srednje nizkem ognju. Kuhajte 40 minut oziroma dokler se pomaranče ne zmehčajo. Odtok. Odstavimo, da se ohladi. Pomaranče prerežite na pol in jih prečno narežite na tanke rezine.
d) V veliki ponvi na zmernem ognju mešajte sladkor, zlati sirup, kis, pomarančni sok, ingver, poprova zrna, cimetovo palčko in nageljnove žbice, dokler se sladkor ne raztopi.
e) Dodajte pomarančo. Zavremo. Zmanjšajte toploto na nizko. Kuhajte 20 minut.
f) Prenesite v sterilizirane kozarce in zaprite. Preden odprete, hranite na hladnem in temnem mestu ali v hladilniku vsaj 3 tedne, da se okusi razvijejo.

22.Sladke in ostre kisle pese

SESTAVINE:
- 2 skodelici pese, olupljene in narezane
- 1 skodelica rdeče čebule, na tanke rezine
- 1 skodelica jabolka, narezanega na kocke
- 1 skodelica zlatih rozin
- 1 skodelica jabolčnega kisa
- 1 skodelica vode
- 1 skodelica rjavega sladkorja
- 1 čajna žlička cimeta
- 1 čajna žlička nageljnovih žbic
- 1 čajna žlička pimenta

NAVODILA:
a) V ponvi zmešajte jabolčni kis, vodo, rjavi sladkor, cimet, nageljnove žbice in piment. Zavremo in mešamo, dokler se sladkor ne raztopi.
b) V vrelo mešanico dodajte peso, rdečo čebulo, jabolko in zlate rozine. Kuhajte, dokler se pesa ne zmehča.
c) Pustite, da se mešanica ohladi, preden jo prestavite v čiste kozarce. Zapremo in ohladimo.
d) Te sladke in pikantne kumarice iz pese so čudovit dodatek k solatam ali kot edinstvena priloga.

ZELENJAVNE KUMACE

23. Kisle kumarice iz kopra

SESTAVINE:
- 4 lbs. 4-palčne kumare za vlaganje
- 2 žlici semena kopra ali 4 do 5 glav svežega ali suhega kopra
- 1/2 skodelice soli
- 1/4 skodelice kisa (5%
- 8 skodelic vode in eno ali več od naslednjega :
- 2 stroka česna (neobvezno)
- 2 posušeni rdeči papriki (po želji)
- 2 čajni žlički cele mešanice začimb za vlaganje

NAVODILA:

a) Operite kumare. Odrežite 1/16-palčno rezino konca cveta in zavrzite. Pustite 1/4 palca stebla pritrjenega. Na dno čiste primerne posode položite polovico kopra in začimbe.

b) Dodajte kumare, preostali koper in začimbe. V kisu in vodi raztopimo sol in prelijemo kumare.

c) Dodajte primerno prevleko in težo. Med fermentacijo hranite pri temperaturi med 70° in 75°F približno 3 do 4 tedne. Sprejemljive so temperature od 55 do 65 °F, vendar bo fermentacija trajala 5 do 6 tednov.

d) Izogibajte se temperaturam nad 80 °F, sicer bodo kumarice med fermentacijo postale premehke. Kisle kumarice se počasi celijo. Večkrat na teden preverite posodo in nemudoma odstranite površinske ostanke ali plesen. Pozor: če kumarice postanejo mehke, sluzaste ali razvijejo neprijeten vonj, jih zavrzite.

e) Popolnoma fermentirane kisle kumarice lahko hranite v originalni embalaži približno 4 do 6 mesecev, pod pogojem, da so ohlajene in da se s površine redno odstranjujejo madeži in plesni. Konzerviranje popolnoma fermentiranih kumaric je boljši način za njihovo shranjevanje. Če jih želite konzervirati, nalijte slanico v ponev, počasi segrevajte do vrenja in kuhajte 5 minut. Po želji slanico filtrirajte skozi papirnate filtre za kavo, da zmanjšate motnost.

f) Vroči kozarec napolnite s kislimi kumaricami in vročo slanico, pri čemer pustite 1/2-palčni prostor.

g) Odstranite zračne mehurčke in po potrebi prilagodite višino prostora. Robove kozarcev obrišite z navlaženo čisto papirnato brisačo.

h) Prilagodite pokrove in obdelajte.

24. Kumarice kruha in masla

SESTAVINE:
- 6 lbs. 4- do 5-palčnih kumaric za vlaganje
- 8 skodelic na tanke rezine narezane čebule
- 1/2 skodelice soli za konzerviranje ali vlaganje
- 4 skodelice kisa (5%)
- 4-1/2 skodelice sladkorja
- 2 žlici gorčičnega semena
- 1-1/2 žlici semen zelene
- 1 žlica mlete kurkume
- 1 skodelica limete

NAVODILA:
a) Operite kumare. Odrežite 1/16-palčni konec cveta in ga zavrzite. Narežite na 3/16-palčne rezine. V veliki skledi zmešajte kumare in čebulo. Dodamo sol. Pokrijte z 2 cm debelim zdrobljenim ali kockami ledu. Ohladite 3 do 4 ure in po potrebi dodajte več ledu.
b) Združite preostale sestavine v velikem loncu. Vreti 10 minut. Odcedimo in dodamo kumare in čebulo ter počasi ponovno segrevamo do vrenja. Vroče kozarce za pol litra napolnite z rezinami in sirupom za kuhanje, pri čemer pustite 1/2-palčni prostor. Odstranite zračne mehurčke in po potrebi prilagodite višino prostora. Robove kozarcev obrišite z navlaženo čisto papirnato brisačo.
c) Prilagodite pokrove in postopek .

25. Fresh-Pack Dill Kumarice

SESTAVINE:
- 8 lbs. 3- do 5-palčnih kumaric za vlaganje
- 2 galona vode
- 1-1/4 skodelice soli za konzerviranje ali vlaganje
- 1-1/2 litra kisa (5%)
- 1/4 skodelice sladkorja
- 2 litra vode
- 2 žlici cele mešane začimbe za vlaganje
- približno 3 žlice celega gorčičnega semena
- približno 14 glavic svežega kopra (1-1/2 glavice na pollitrski kozarec) oz
- 4-1/2 žlici semena kopra (1-1/2 čajne žličke na pollitrski kozarec)

NAVODILA:
a) Operite kumare. Odrežite 1/16-palčno rezino konca cveta in jo zavrzite, vendar pustite 1/4-palčno steblo pritrjeno. Raztopite 3/4 skodelice soli v 2 litrih vode. Prelijemo čez kumare in pustimo stati 12 ur. Odtok.
b) Zmešajte kis, 1/2 skodelice soli, sladkor in 2 litra vode. Dodamo zmešane začimbe za vlaganje, zavezane v čisto belo krpo. Segrejemo do vrenja. Vroče kozarce napolnimo s kumarami.
c) Dodajte 1 čajno žličko gorčičnega semena in 1-1/2 glavice svežega kopra na pol litra. Pokrijte z vrelo raztopino za luženje in pustite 1/2-palčni prostor za glavo. Odstranite zračne mehurčke in po potrebi prilagodite višino prostora. Robove kozarcev obrišite z navlaženo čisto papirnato brisačo.
d) Prilagodite pokrove in obdelajte .

26. Bučke-ananasove kumarice

SESTAVINE:
- 4 litre narezane ali narezane bučke
- 46 oz. konzerviran nesladkan ananasov sok
- 1 1/2 skodelice ustekleničenega limoninega soka
- 3 skodelice sladkorja

NAVODILA:
a) V ponvi zmešajte bučke z drugimi sestavinami ; zavrite na pari .
b) Dušimo 20 minut.
c) Vroče kozarce napolnimo z vročo mešanico in tekočino za kuhanje, pri čemer pustite 1/2-palčni prostor .
d) Spustite zračne mehurčke.
e) Kozarce dobro zapremo, nato pa 5 minut segrevamo v vodni kopeli.

27. Sladke kisle kumarice

SESTAVINE:
- 7 lbs. kumare (1-1/2 palca ali manj)
- 1/2 skodelice soli za konzerviranje ali vlaganje
- 8 skodelic sladkorja
- 6 skodelic kisa (5%)
- 3/4 žličke kurkume
- 2 žlički semen zelene
- 2 žlički cele mešane začimbe za vlaganje
- 2 cimetovi palčki
- 1/2 čajne žličke koromača (neobvezno)
- 2 žlički vanilije (neobvezno)

NAVODILA:
a) Operite kumare. Odrežite 1/16-palčno rezino konca cveta in jo zavrzite, vendar pustite 1/4-palčno steblo pritrjeno.
b) Kumare položite v veliko posodo in jih prelijte z vrelo vodo. Šest do 8 ur pozneje in drugi dan ponovno odcedite in pokrijte s 6 litri sveže vrele vode, ki vsebuje 1/4 skodelice soli. Tretji dan kumare odcedimo in prebodemo z vilicami.
c) Zmešajte in zavrite 3 skodelice kisa, 3 skodelice sladkorja, kurkumo in začimbe. Prelijemo čez kumare. Šest do 8 ur pozneje sirup za vlaganje odcedite in shranite. Dodajte še 2 skodelici sladkorja in kisa ter ponovno segrejte, da zavre. Prelijemo kisle kumarice.
d) Četrti dan sirup odcedite in prihranite. Dodajte še 2 skodelici sladkorja in 1 skodelico kisa. Segrejemo do vretja in prelijemo kumarice. Sirup za vlaganje odcedimo in prihranimo 6 do 8 ur kasneje. Dodajte 1 skodelico sladkorja in 2 čajni žlički vanilije ter segrejte do vrenja.
e) Vroče sterilne pollitrske kozarce napolnite s kislimi kumaricami in pokrijte z vročim sirupom, pri čemer pustite 1/2-palčni prostor.
f) Odstranite zračne mehurčke in po potrebi prilagodite višino prostora. Robove kozarcev obrišite z navlaženo čisto papirnato brisačo.
g) Prilagodite pokrove in obdelajte .

28. Štirinajstdnevne sladke kumarice

SESTAVINE:
- 4 lbs. 2- do 5-palčnih kumaric za vlaganje
- 3/4 skodelice soli za konzerviranje ali vlaganje
- 2 žlički semen zelene
- 2 žlici mešanih začimb za vlaganje
- 5-1/2 skodelice sladkorja
- 4 skodelice kisa (5%)

NAVODILA:
a) Operite kumare. Odrežite 1/16-palčno rezino konca cveta in jo zavrzite, vendar pustite 1/4-palčno steblo pritrjeno. Cele kumare položite v primerno 1-galonsko posodo .
b) Dodajte 1/4 skodelice soli za konzerviranje ali vlaganje v 2 litra vode in zavrite. Prelijemo čez kumare. Dodajte primerno prevleko in težo.
c) Položite čisto brisačo na posodo in vzdržujte temperaturo približno 70 °F. Tretji in peti dan slano vodo odlijemo in zavržemo. Kumare sperite in vrnite kumare v posodo. Dodajte 1/4 skodelice soli v 2 litra sveže vode in zavrite. Prelijemo čez kumare.
d) Zamenjajte pokrov in utež ter ponovno pokrijte s čisto brisačo. Sedmi dan slano vodo odlijemo in zavržemo. Kumare oplaknite , pokrijte in obtežite.

29. Hitre sladke kumarice

SESTAVINE:
- 8 lbs. 3- do 4-palčne kumare za vlaganje
- 1/3 skodelice soli za konzerviranje ali vlaganje
- 4-1/2 skodelice sladkorja
- 3-1/2 skodelice kisa (5%)
- 2 žlički semen zelene
- 1 žlica celega pimenta
- 2 žlici gorčičnega semena
- 1 skodelica limete (neobvezno)

NAVODILA:
a) Operite kumare. Odrežite 1/16 palca konca cveta in ga zavrzite, vendar pustite 1/4 palca stebla pritrjenega. Po želji narežite ali narežite na trakove. Postavite v skledo in potresite z 1/3 skodelice soli. Pokrijte z 2 cm zdrobljenega ali kockastega ledu.
b) Hladite 3 do 4 ure. Po potrebi dodajte več ledu. Dobro odcedite.
c) Zmešajte sladkor, kis, seme zelene, piment in gorčično seme v 6-litrskem kotličku. Segrejemo do vrenja.
d) Vroči paket—Dodajte kumare in počasi segrevajte, dokler raztopina kisa ponovno ne zavre. Občasno premešajte, da se mešanica enakomerno segreje. Napolnite sterilne kozarce in pustite 1/2-palčni prostor.
e) Surovo pakiranje – napolnite vroče kozarce, pri čemer pustite 1/2-palčni prostor. Dodajte vroč sirup za vlaganje in pustite 1/2-palčni prostor.
f) Odstranite zračne mehurčke in po potrebi prilagodite višino prostora. Robove kozarcev obrišite z navlaženo čisto papirnato brisačo.
g) Prilagodite pokrove in obdelajte.

30. Vloženi šparglji

SESTAVINE:
- 10 lbs. šparglji
- 6 velikih strokov česna
- 4-1/2 skodelice vode
- 4-1/2 skodelice belega destiliranega kisa (5%)
- 6 manjših feferonov (po želji)
- 1/2 skodelice soli za konzerviranje
- 3 žličke semena kopra

NAVODILA:
a) Šparglje dobro, a nežno operemo pod tekočo vodo. Odrežite stebla z dna, da pustite sulice z konicami, ki jih postavite v kozarec za konzerviranje, pri čemer pustite nekaj več kot 1/2-palčni prostor. Olupite in operite stroke česna.
b) Na dno vsakega kozarca damo strok česna in šparglje tesno zložimo v vroče kozarce s topimi konicami navzdol. V 8-litrskem loncu zmešajte vodo, kis, feferone (neobvezno), sol in semena kopra.
c) Zavremo. V vsak kozarec na šparglje položite eno feferonko (če jo uporabljate). Vrelo vročo slanico za vlaganje prelijte čez sulice, pri čemer pustite 1/2-palčni prostor.
d) Odstranite zračne mehurčke in po potrebi prilagodite višino prostora. Robove kozarcev obrišite z navlaženo čisto papirnato brisačo.
e) Prilagodite pokrove in obdelajte.

31. Vložen zdrobljen fižol

SESTAVINE:
- 4 lbs. svež nežen zeleni ali rumeni fižol
- 8 do 16 glav svežega kopra
- 8 strokov česna (neobvezno)
- 1/2 skodelice soli za konzerviranje ali vlaganje
- 4 skodelice belega kisa (5%)
- 4 skodelice vode
- 1 čajna žlička jezerca pekoče rdeče paprike (neobvezno)

NAVODILA:
a) Operite in obrežite konce fižola ter narežite na 4-palčne dolžine. V vsak vroč sterilni pollitrski kozarec dajte 1 do 2 glavici kopra in po želji 1 strok česna. Cela zrna postavite pokonci v kozarce, pri čemer pustite 1/2-palčni prostor.
b) Po potrebi obrežite fižol, da zagotovite pravilno. Zmešajte sol, kis, vodo in poper (po želji). Zavremo. Dodajte vročo raztopino v fižol, tako da pustite 1/2-palčni prostor.
c) Odstranite zračne mehurčke in po potrebi prilagodite višino prostora. Robove kozarcev obrišite z navlaženo čisto papirnato brisačo.
d) Prilagodite pokrove in obdelajte.

32. Vložena solata s tremi fižoli

SESTAVINE:
- 1-1/2 skodelice blanširanega zelenega / rumenega fižola
- 1-1/2 skodelice konzerviranega, odcejenega rdečega fižola
- 1 skodelica konzerviranega, odcejenega fižola garbanzo
- 1/2 skodelice olupljene in na tanke rezine narezane čebule
- 1/2 skodelice obrezane in na tanke rezine narezane zelene
- 1/2 skodelice narezane zelene paprike
- 1/2 skodelice belega kisa (5%)
- 1/4 skodelice ustekleničenega limoninega soka
- 3/4 skodelice sladkorja
- 1/4 skodelice olja
- 1/2 čajne žličke soli za konzerviranje ali vlaganje
- 1-1/4 skodelice vode

NAVODILA:
a) Svež fižol operite in narežite konce. Razrežite ali zložite na 1- do 2-palčne kose.
b) Blanširajte 3 minute in takoj ohladite. Fižol oplaknemo z vodo iz pipe in ponovno odcedimo. Pripravite in odmerite vso ostalo zelenjavo.
c) Zmešajte kis, limonin sok, sladkor in vodo ter zavrite. Odstranite z ognja.
d) Dodamo olje in sol ter dobro premešamo. Raztopini dodajte fižol, čebulo, zeleno in zeleno papriko ter zavrite.
e) Marinirajte 12 do 14 ur v hladilniku, nato celotno mešanico segrejte do vrenja. Vroče kozarce napolnite s trdno snovjo. Dodajte vročo tekočino in pustite 1/2-palčni prostor.
f) Odstranite zračne mehurčke in po potrebi prilagodite višino prostora. Robove kozarcev obrišite z navlaženo čisto papirnato brisačo.
g) Prilagodite pokrove in obdelajte.

33. Vloženo korenje

SESTAVINE:
- 2-3/4 lbs. olupljeno korenje
- 5-1/2 skodelice belega kisa (5%)
- 1 skodelica vode
- 2 skodelici sladkorja
- 2 žlički soli za konzerviranje
- 8 žličk gorčičnega semena
- 4 čajne žličke semen zelene

NAVODILA:
a) Korenje operemo in olupimo. Narežite na kroge, debele približno 1/2 palca.
b) Zmešajte kis, vodo, sladkor in sol za konzerviranje v 8-litrski nizozemski pečici ali loncu. Zavremo in kuhamo 3 minute. Dodamo korenje in ponovno zavremo. Nato zmanjšajte ogenj in segrevajte do polovice (približno 10 minut).
c) Medtem dajte 2 čajni žlički gorčičnih semen in 1 čajno žličko semen zelene v vsak prazen vroč kozarec za pol litra. Napolnite kozarce z vročim korenjem, pri čemer pustite 1-palčni prostor. Napolnite z vročo tekočino za luženje, pri čemer pustite 1/2-palčni prostor.
d) Odstranite zračne mehurčke in po potrebi prilagodite višino prostora. Robove kozarcev obrišite z navlaženo čisto papirnato brisačo.
e) Prilagodite pokrove in obdelajte.

34. Vložena cvetača / Bruselj

SESTAVINE:
- 12 skodelic 1- do 2-palčnih spodnjih listov cvetače ali majhnega brstičnega ohrovta
- 4 skodelice belega kisa (5%)
- 2 skodelici sladkorja
- 2 skodelici na tanko narezane čebule
- 1 skodelica na kocke narezane sladke rdeče paprike
- 2 žlici gorčičnega semena
- 1 žlica semen zelene
- 1 čajna žlička kurkume
- 1 čajna žlička jezerca pekoče rdeče paprike

NAVODILA:
a) Liste cvetače ali brstičnega ohrovta operite (odstranite stebla in poškodovane zunanje liste) in kuhajte v slani vodi (4 čajne žličke soli za konzerviranje na galono vode) 3 minute za cvetačo in 4 minute za brstični ohrovt. Odcedimo in ohladimo.
b) V veliki ponvi zmešajte kis, sladkor, čebulo, narezano rdečo papriko in začimbe. Zavremo in pustimo vreti 5 minut. Po kozarcih porazdelite čebulo in na kocke narezano papriko. Vroče kozarce napolnite s koščki in raztopino za vlaganje, pri čemer pustite 1/2-palčni prostor za glavo.
c) Odstranite zračne mehurčke in po potrebi prilagodite višino prostora. Robove kozarcev obrišite z navlaženo čisto papirnato brisačo.
d) Prilagodite pokrove in obdelajte.

35. Čajota in kisle kumarice Jicama

SESTAVINE:
- 4 skodelice julienned jicama
- 4 skodelice juliena čajota
- 2 skodelici sesekljane rdeče paprike
- 2 sesekljani feferoni
- 2-1/2 skodelice vode
- 2-1/2 skodelice jabolčnega kisa (5%)
- 1/2 skodelice belega sladkorja
- 3-1/2 čajne žličke soli za konzerviranje
- 1 čajna žlička semen zelene (neobvezno)

NAVODILA:

a) Pozor: Nosite plastične ali gumijaste rokavice in se med rokovanjem ali rezanjem feferonov ne dotikajte obraza. Če ne nosite rokavic, si temeljito umijte roke z milom in vodo, preden se dotaknete obraza ali oči.

b) Operite, olupite in na tanko narežite julienne jicama in čajoto, pri čemer zavrzite semena čajote. V 8-litrski nizozemski pečici ali loncu zmešajte vse sestavine razen čajote. Zavremo in pustimo vreti 5 minut.

c) Zmanjšajte ogenj, da zavre in dodajte čajoto. Ponovno zavrite in nato zmanjšajte temperaturo. Vroče trdne snovi napolnite v vroče pollitrske kozarce, pri čemer pustite 1/2-palčni headspace.

d) Pokrijte z vrelo tekočino za kuhanje, pri čemer pustite 1/2-palčni prostor.

e) Odstranite zračne mehurčke in po potrebi prilagodite višino prostora. Robove kozarcev obrišite z navlaženo čisto papirnato brisačo.

f) Prilagodite pokrove in obdelajte.

36. Vložene Jicama iz kruha in masla

SESTAVINE:
- 14 skodelic jicama v kockah
- 3 skodelice tanko narezane čebule
- 1 skodelica sesekljane rdeče paprike
- 4 skodelice belega kisa (5%)
- 4-1/2 skodelice sladkorja
- 2 žlici gorčičnega semena
- 1 žlica semen zelene
- 1 čajna žlička mlete kurkume

NAVODILA:
a) Zmešajte kis, sladkor in začimbe v 12-litrski nizozemski pečici ali velikem loncu. Premešamo in zavremo. Vmešajte pripravljene jicama, rezine čebule in rdečo papriko. Ponovno zavrite, zmanjšajte ogenj in kuhajte 5 minut. Občasno premešamo.
b) Vroče trdne snovi napolnite v kozarce za vroče pinte, pri čemer pustite 1/2-palčni prostor. Pokrijte z vrelo tekočino za kuhanje, pri čemer pustite 1/2-palčni prostor.
c) Odstranite zračne mehurčke in po potrebi prilagodite višino prostora. Robove kozarcev obrišite z navlaženo čisto papirnato brisačo.
d) Prilagodite pokrove in obdelajte.

37. Marinirane cele gobe

SESTAVINE:
- 7 lbs. majhne cele gobe
- 1/2 skodelice ustekleničenega limoninega soka
- 2 skodelici olivnega ali solatnega olja
- 2-1/2 skodelice belega kisa (5%)
- 1 žlica listov origana
- 1 žlica posušenih listov bazilike
- 1 žlica soli za konzerviranje ali vlaganje
- 1/2 skodelice sesekljane čebule
- 1/4 skodelice narezanega pimienta
- 2 stroka česna, narezana na četrtine
- 25 zrn črnega popra

NAVODILA:
a) Izberite zelo sveže neodprte gobe s premerom klobukov manj kot 1-1/4 palca. Operite. Odrežite stebla in pustite 1/4 palca pritrjenega na pokrovček. Dodajte limonin sok in vodo, da pokrije. Zavremo. Dušimo 5 minut. Gobe odcedimo.
b) V ponvi zmešajte oljčno olje, kis, origano, baziliko in sol. Primešamo čebulo in pimiento ter segrevamo do vrenja.
c) Postavite 1/4 stroka česna in 2-3 zrna popra v pollitrskem kozarcu. Vroče kozarce napolnite z gobami in vročo, dobro premešano raztopino olja/kisa, pri čemer pustite 1/2-palčni prostor.
d) Odstranite zračne mehurčke in po potrebi prilagodite višino prostora. Robove kozarcev obrišite z navlaženo čisto papirnato brisačo.
e) Prilagodite pokrove in obdelajte.

38.Vložena okra

SESTAVINE:
- 7 lbs. majhni okra stroki
- 6 majhnih feferonov
- 4 žličke semena kopra
- 8 do 9 strokov česna
- 2/3 skodelice soli za konzerviranje ali vlaganje
- 6 skodelic vode
- 6 skodelic kisa (5%)

NAVODILA:
a) Bamijo operemo in obrežemo. Vroče kozarce trdno napolnite s celo bamijo, pri čemer pustite 1/2-palčni prostor. V vsak kozarec položite 1 strok česna.
b) V veliki ponvi zmešajte sol, feferone, semena kopra, vodo in kis ter zavrite. Vročo raztopino za vlaganje prelijte čez bamijo, pri čemer pustite 1/2-palčni prostor.
c) Odstranite zračne mehurčke in po potrebi prilagodite višino prostora. Robove kozarcev obrišite z navlaženo čisto papirnato brisačo.
d) Prilagodite pokrove in obdelajte.

39. Vložena biserna čebula

SESTAVINE:
- 8 skodelic olupljene bele biserne čebule
- 5-1/2 skodelice belega kisa (5%)
- 1 skodelica vode
- 2 žlički soli za konzerviranje
- 2 skodelici sladkorja
- 8 žličk gorčičnega semena
- 4 čajne žličke semen zelene

NAVODILA:
a) Če želite olupiti čebulo, dajte nekaj naenkrat v košaro iz žične mreže ali cedilo, potopite v vrelo vodo za 30 sekund, nato odstranite in postavite v hladno vodo za 30 sekund. Odrežite 1/16-palčno rezino s koreninskega dela, nato odstranite lupino in odrežite 1/16-palčni del z drugega konca čebule.
b) Zmešajte kis, vodo, sol in sladkor v 8-litrski nizozemski pečici ali loncu. Zavremo in kuhamo 3 minute.
c) Dodamo olupljeno čebulo in ponovno zavremo. Zmanjšajte ogenj in segrevajte do polovice (približno 5 minut).
d) Medtem dajte 2 čajni žlički gorčičnih semen in 1 čajno žličko semen zelene v vsak prazen vroč kozarec za pol litra. Napolnite z vročo čebulo, pri čemer pustite 1-palčni prostor. Napolnite z vročo tekočino za luženje, pri čemer pustite 1/2-palčni prostor.
e) Odstranite zračne mehurčke in po potrebi prilagodite višino prostora. Robove kozarcev obrišite z navlaženo čisto papirnato brisačo.
f) Prilagodite pokrove in obdelajte.

40. paprika z limono in origanom

SESTAVINE:
- 4 lbs. čvrsta paprika - paprika, madžarska, banana ali jalapeño
- 1 skodelica ustekleničenega limoninega soka
- 2 skodelici belega kisa (5%)
- 1 žlica listov origana
- 1 skodelica olivnega ali solatnega olja
- 1/2 skodelice sesekljane čebule
- 2 stroka česna, narezana na četrtine (neobvezno)
- 2 žlici pripravljenega hrena (po želji)

NAVODILA:
a) Izberite svojo najljubšo papriko. Pozor: Če se odločite za feferone, si nadenite plastične ali gumijaste rokavice in se med rokovanjem ali rezanjem feferonov ne dotikajte obraza.
b) Vsako papriko operemo, zarežemo dve do štiri zareze in feferone s trdo lupino blanširamo v vreli vodi ali z mehurčki na eni od teh dveh metod:
c) Metoda pečenja v pečici ali pitovnih pitovnih piščancih – Paprike postavite v vročo pečico (400 °F) ali pod brojlerje za 6 do 8 minut, dokler lupine ne postanejo mehurji.
d) Najboljša metoda za pretisne kože – Vroči gorilnik (bodisi plinski ali električni) pokrijte s težko žično mrežo.
e) Paprike za nekaj minut postavite na gorilnik, dokler lupine ne postanejo mehurji.
f) Paprike po mehurjastih lupinah položite v ponev in pokrijte z vlažno krpo. (To bo olajšalo lupljenje paprike.) Ohladite nekaj minut; luščenje kož. Cele paprike sploščimo.
g) Vse preostale sestavine zmešajte v ponvi in segrejte do vrenja. V vsak vroč pollitrski kozarec dajte 1/4 stroka česna (neobvezno) in 1/4 čajne žličke soli ali 1/2 čajne žličke na pol litra. Vroče kozarce napolnimo s papriko. Dodajte vroče, dobro premešano olje/raztopino za vlaganje čez papriko, pri čemer pustite 1/2-palčni prostor.
h) Odstranite zračne mehurčke in po potrebi prilagodite višino prostora. Robove kozarcev obrišite z navlaženo čisto papirnato brisačo.
i) Prilagodite pokrove in obdelajte.

41.Vložena paprika

SESTAVINE:
- 7 lbs. f čvrsta paprika
- 3-1/2 skodelice sladkorja
- 3 skodelice kisa (5%)
- 3 skodelice vode
- 9 strokov česna
- 4-1/2 čajne žličke soli za konzerviranje ali vlaganje

NAVODILA:
a) Papriko operemo, narežemo na četrtine, ji odstranimo sredico in semena ter odstranimo morebitne madeže. Papriko narežemo na trakove. Sladkor, kis in vodo kuhajte 1 minuto.
b) Dodamo papriko in zavremo. V vsak vroči sterilni pollitrski kozarec dajte 1/2 stroka česna in 1/4 čajne žličke soli; podvojite količine za pollitrske kozarce.
c) Dodajte trakove popra in pokrijte z mešanico vročega kisa, pri čemer pustite 1/2-inch

42. Vložene pekoče paprike

SESTAVINE:
- Madžarsko, banana, čili , jalapeño
- 4 lbs. pekoča dolga rdeča, zelena ali rumena paprika
- 3 lbs. sladka rdeča in zelena paprika, mešana
- 5 skodelic kisa (5%)
- 1 skodelica vode
- 4 žličke soli za konzerviranje ali vlaganje
- 2 žlici sladkorja
- 2 stroka česna

NAVODILA:
a) Pozor: Nosite plastične ali gumijaste rokavice in se med rokovanjem ali rezanjem feferonov ne dotikajte obraza. Če ne nosite rokavic, si temeljito umijte roke z milom in vodo, preden se dotaknete obraza ali oči.
b) Operite papriko. Če majhne paprike pustimo cele, v vsako zarežemo 2 do 4 zareze. Četrtine velike paprike.
c) Feferone s trdo lupino blanširajte v vreli vodi ali olupite z mehurčki na enega od teh dveh načinov:
d) Metoda pečenja v pečici ali pitovnih pitovnih piščancih – Paprike postavite v vročo pečico (400 °F) ali pod brojlerje za 6 do 8 minut, dokler lupine ne postanejo mehurji.
e) Najboljša metoda za pretisne kože – Vroči gorilnik (bodisi plinski ali električni) pokrijte s težko žično mrežo.
f) Paprike za nekaj minut postavite na gorilnik, dokler lupine ne postanejo mehurji.
g) Paprike po mehurjastih lupinah položite v ponev in pokrijte z vlažno krpo. (To bo olajšalo lupljenje paprike.) Ohladite nekaj minut; luščenje kož. Majhne paprike sploščimo. Četrtine velike paprike. Vroče kozarce napolnite s papriko, pri čemer pustite 1/2-palčni prostor.
h) Združite in segrejte ostale sestavine do vrenja ter kuhajte 10 minut. Odstranite česen. Dodajte vročo raztopino za vlaganje čez papriko, pri čemer pustite 1/2-palčni prostor.
i) Odstranite zračne mehurčke in po potrebi prilagodite višino prostora. Robove kozarcev obrišite z navlaženo čisto papirnato brisačo.
j) Prilagodite pokrove in obdelajte.

43. Vloženi obročki jalapeño paprike

SESTAVINE:
- 3 lbs. jalapeño paprike
- 1-1/2 skodelice limete
- 1-1/2 litra vode
- 7-1/2 skodelice jabolčnega kisa (5%)
- 1-3/4 skodelice vode
- 2-1/2 žlici soli za konzerviranje
- 3 žlice semen zelene
- 6 žlic gorčičnega semena

NAVODILA:
a) Pozor: Nosite plastične ali gumijaste rokavice in se med rokovanjem ali rezanjem feferonov ne dotikajte obraza.
b) Papriko dobro operemo in narežemo na 1/4-palčne debele rezine. Zavrzite konec stebla.
c) Zmešajte 1-1/2 skodelice apna za vlaganje z 1-1/2 litra vode v posodi iz nerjavečega jekla, stekla ali plastične posode za hrano. Izogibajte se vdihavanju apnenčastega prahu med mešanjem raztopine apnenca in vode.
d) Rezine paprike namočite v apneni vodi v hladilniku za 18 ur, občasno premešajte (lahko uporabite 12 do 24 ur). Iz namočenih poprovih kolobarjev odcedimo raztopino apna.
e) Papriko nežno, a temeljito sperite z vodo. Koločke paprike prelijemo s svežo hladno vodo in namočimo v hladilniku 1 uro. Iz paprike odlijemo vodo. Korake izpiranja, namakanja in odvajanja ponovite še dvakrat. Na koncu temeljito odcedite.
f) Na dno vsakega vročega kozarca za pol litra položite 1 žlico gorčičnih semen in 1-1/2 čajne žličke semen zelene. Odcejene poprove kolobarje zapakirajte v kozarce, pri čemer pustite 1/2-palčni prostor. Jabolčnik, 1-3/4 skodelice vode in sol za konzerviranje zavrite na močnem ognju. Vrelo raztopino slanice prelijte čez poprove obročke v kozarcih, pri čemer pustite 1/2-palčni prostor.
g) Odstranite zračne mehurčke in po potrebi prilagodite višino prostora. Robove kozarcev obrišite z navlaženo čisto papirnato brisačo.
h) Prilagodite pokrove in obdelajte.

44. Obločki vložene rumene paprike

SESTAVINE:
- 2-1/2 do 3 lbs. rumena (banana) paprika
- 2 žlici semen zelene
- 4 žlice gorčičnega semena
- 5 skodelic jabolčnega kisa (5%)
- 1-1/4 skodelice vode
- 5 žličk soli za konzerviranje

NAVODILA:
a) Papriko dobro operite in odstranite pecelj; papriko narežite na 1/4-palčne debele kolobarje. Na dno vsakega praznega kozarca za vroče pol litre položite 1/2 žlice semen zelene in 1 žlico gorčičnih semen.
b) Kolobarčke paprike napolnite v kozarce, pri čemer pustite 1/2-palčni prostor za glavo. V 4-litrski nizozemski pečici ali ponvi zmešajte jabolčni kis, vodo in sol; segrejemo do vrenja. Poprove kolobarje pokrijte z vrelo tekočino za vlaganje, pri čemer pustite 1/2-palčni prostor.
c) Odstranite zračne mehurčke in po potrebi prilagodite višino prostora. Robove kozarcev obrišite z navlaženo čisto papirnato brisačo.
d) Prilagodite pokrove in obdelajte.

45. Vloženi sladki zeleni paradižniki

SESTAVINE:
- 10 do 11 lbs. zelenih paradižnikov
- 2 skodelici narezane čebule
- 1/4 skodelice soli za konzerviranje ali vlaganje
- 3 skodelice rjavega sladkorja
- 4 skodelice kisa (5%)
- 1 žlica gorčičnega semena
- 1 žlica pimenta
- 1 žlica semen zelene
- 1 žlica celih nageljnovih žbic

NAVODILA:
a) Paradižnik in čebulo operemo in narežemo. Postavite v skledo, potresite s 1/4 skodelice soli in pustite stati 4 do 6 ur. Odtok. Segrevajte in mešajte sladkor v kisu, dokler se ne raztopi.
b) Zvežite gorčično seme, piment, seme zelene in nageljnove žbice v vrečko začimb. Dodamo v kis s paradižnikom in čebulo. Po potrebi dodajte minimalno količino vode, da prekrijete kose. Zavremo in kuhamo 30 minut, po potrebi mešamo, da se ne zažge. Paradižnik mora biti mehak in prozoren, ko je pravilno kuhan.
c) Odstranite vrečko z začimbami. Vroči kozarec napolnite s trdno snovjo in pokrijte z vročo raztopino za vlaganje, pri čemer pustite 1/2-palčni prostor.
d) Odstranite zračne mehurčke in po potrebi prilagodite višino prostora. Robove kozarcev obrišite z navlaženo čisto papirnato brisačo.
e) Prilagodite pokrove in obdelajte.

46. Vložene bučke iz kruha in masla

SESTAVINE:
- 16 skodelic svežih bučk, narezanih
- 4 skodelice čebule, narezane na tanke rezine
- 1/2 skodelice soli za konzerviranje ali vlaganje
- 4 skodelice belega kisa (5%)
- 2 skodelici sladkorja
- 4 žlice gorčičnega semena
- 2 žlici semen zelene
- 2 žlički mlete kurkume

NAVODILA:
a) Rezine bučk in čebule pokrijte z 1 cm vode in soli. Pustite stati 2 uri in temeljito odcedite. Zmešajte kis, sladkor in začimbe. Zavremo ter dodamo bučke in čebulo. Kuhajte 5 minut in prelijte vroče kozarce z mešanico in raztopino za vlaganje, pri čemer pustite 1/2-palčni prostor.
b) Odstranite zračne mehurčke in po potrebi prilagodite višino prostora. Robove kozarcev obrišite z navlaženo čisto papirnato brisačo.
c) Prilagodite pokrove in obdelajte .

47. Sladke kisle kumare

SESTAVINE:
- 3-1/2 lbs. vlaganja kumaric
- vrele vode, da pokrije narezane kumare
- 4 skodelice jabolčnega kisa (5%)
- 1 skodelica vode
- 3 skodelice Splenda
- 1 žlica soli za konzerviranje
- 1 žlica gorčičnega semena
- 1 žlica celega pimenta
- 1 žlica semen zelene
- 4 1-palčne cimetove palčke

NAVODILA:
a) Operite kumare. Narežite 1/16-palčni del koncev cvetov in jih zavrzite. Kumare narežite na 1/4-palčne debele rezine. Rezine kumar prelijemo z vrelo vodo in pustimo stati 5 do 10 minut.
b) Vročo vodo odlijemo in kumare prelijemo s hladno vodo. Rezine kumar naj neprestano teče hladna voda ali pa vodo pogosto menjajte, dokler se kumare ne ohladijo. Rezine dobro odcedimo.
c) Zmešajte kis, 1 skodelico vode, Splenda® in vse začimbe v 10-litrski nizozemski pečici ali loncu. Zavremo. V vrelo tekočino previdno dodamo odcejene rezine kumar in ponovno zavremo.
d) V vsak prazen vroč kozarec po želji položite eno cimetovo palčko. Vroče rezine kislih kumaric napolnite v vroče pollitrske kozarce, pri čemer pustite 1/2-palčni prostor. Pokrijte z vrelo slanico, pri čemer pustite 1/2-palčni prostor.
e) Odstranite zračne mehurčke in po potrebi prilagodite višino prostora. Robove kozarcev obrišite z navlaženo čisto papirnato brisačo.
f) Prilagodite pokrove in obdelajte.

48. Narezane kumarice iz kopra

SESTAVINE:
- 4 lbs. (3- do 5-palčne) kumare za vlaganje
- 6 skodelic kisa (5%)
- 6 skodelic sladkorja
- 2 žlici soli za konzerviranje ali vlaganje
- 1-1/2 čajne žličke semen zelene
- 1-1/2 čajne žličke gorčičnega semena
- 2 veliki čebuli, narezani na tanke rezine
- 8 glav svežega kopra

NAVODILA:
a) Operite kumare. Odrežite 1/16-palčno rezino konca cveta in zavrzite. Kumare narežite na 1/4-palčne rezine. V veliki ponvi zmešajte kis, sladkor, sol, zeleno in gorčična semena. Mešanico zavremo.
b) Na dno vsakega kozarca za vroče pinte položite 2 rezini čebule in 1/2 glavice kopra. Vroče kozarce napolnite z rezinami kumare, pri čemer pustite 1/2-palčni prostor.
c) Na vrh dodajte 1 rezino čebule in 1/2 glavice kopra. Vročo raztopino za vlaganje prelijte čez kumare, pri čemer pustite 1/4-palčni prostor.
d) Odstranite zračne mehurčke in po potrebi prilagodite višino prostora. Robove kozarcev obrišite z navlaženo čisto papirnato brisačo.
e) Prilagodite pokrove in obdelajte.

49.Narezane sladke kumarice

SESTAVINE:
- 4 lbs. (3- do 4-palčne) kumare za vlaganje

REŠITEV ZA SALNICO:
- 1 liter destiliranega belega kisa (5%)
- 1 žlica soli za konzerviranje ali vlaganje
- 1 žlica gorčičnega semena
- 1/2 skodelice sladkorja

KONZERVIRANJE SIRUPA:
- 1-2/3 skodelice destiliranega belega kisa (5%)
- 3 skodelice sladkorja
- 1 žlica celega pimenta
- 2-1/4 čajne žličke semen zelene

NAVODILA:

a) Operite kumare in odrežite 1/16 palca konca cvetov ter jih zavrzite. Kumare narežite na 1/4-palčne rezine. Vse sestavine za konzerviranje sirupa zmešajte v ponvi in zavrite. Sirup naj bo vroč do uporabe.

b) V velikem kotličku zmešajte sestavine za slanico. Dodajte narezane kumare, pokrijte in dušite, dokler kumare ne spremenijo barve iz svetlo zelene v motno zeleno (približno 5 do 7 minut). Rezine kumar odcedimo.

c) Napolnite vroče kozarce in pokrijte z vročim sirupom za konzerviranje tako, da ostane 1/2-palčni prostor.

d) Odstranite zračne mehurčke in po potrebi prilagodite višino prostora. Robove kozarcev obrišite z navlaženo čisto papirnato brisačo.

e) Prilagodite pokrove in obdelajte.

MEŠANE ZELENJAVNE KUMACE

50.Piccalilli

SESTAVINE:
- 6 skodelic sesekljanih zelenih paradižnikov
- 1 1/2 skodelice zelena paprika , sesekljana
- 7 1/2 skodelice sesekljanega zelja
- 1/2 skodelice soli za vlaganje
- 1 1/2 skodelice sladke rdeče paprike , sesekljane
- 2 1/4 skodelice sesekljane čebule
- 3 žlice cele mešane začimbe za vlaganje
- 4 1/2 skodelice 5% kisa
- 3 skodelice rjavega sladkorja

NAVODILA:
a) potresemo s 1/2 skodelice soli.
b) Zalijemo z vrelo vodo in pustimo 12 ur. Odtok .
c) Začimbe zvežemo v vrečko z začimbami in dodamo mešanici kisa in sladkorja ter segrejemo do vrenja.
d) Dodamo zelenjavo in počasi kuhamo 30 minut; odstranite vrečko z začimbami.
e) Napolnite vroče sterilne kozarce z vročo mešanico, pri čemer pustite 1/2-palčni prostor .
f) Spustite zračne mehurčke.
g) Kozarce dobro zapremo, nato pa 5 minut segrevamo v vodni kopeli.

51. Vložena mešana zelenjava

SESTAVINE:
- 4 lbs. 4- do 5-palčnih kumaric za vlaganje
- 2 lbs. olupljene in na četrtine narezane majhne čebule
- 4 skodelice narezane zelene (1-palčni koščki)
- 2 skodelici olupljenega in narezanega korenja (1/2-palčni koščki)
- 2 skodelici narezane sladke rdeče paprike (1/2-palčni koščki)
- 2 skodelici cvetače
- 5 skodelic belega kisa (5%)
- 1/4 skodelice pripravljene gorčice
- 1/2 skodelice soli za konzerviranje ali vlaganje
- 3-1/2 skodelice sladkorja
- 3 žlice semen zelene
- 2 žlici gorčičnega semena
- 1/2 čajne žličke celih nageljnovih žbic
- 1/2 čajne žličke mlete kurkume

NAVODILA:
a) Zmešajte zelenjavo, pokrijte z 2 cm kocke ali zdrobljenega ledu in ohladite 3 do 4 ure.
b) V 8-litrskem kotličku zmešajte kis in gorčico ter dobro premešajte.
c) Dodamo sol, sladkor, seme zelene, gorčično seme, nageljnove žbice, kurkumo. Zavremo. Zelenjavo odcedimo in dodamo v vročo raztopino za vlaganje.
d) Pokrijemo in počasi zavremo. Zelenjavo odcedimo, raztopino za vlaganje pa prihranimo. Zelenjavo napolnite v vroče sterilne pollitrske kozarce ali vroče kvarte, pri čemer pustite 1/2-palčni prostor. Dodajte raztopino za luženje in pustite 1/2-palčni prostor.
e) Odstranite zračne mehurčke in po potrebi prilagodite višino prostora. Robove kozarcev obrišite z navlaženo čisto papirnato brisačo.
f) Prilagodite pokrove in obdelajte.

52. Giardiniera

SESTAVINE:
- 1 skodelica cvetov cvetače
- 1 skodelica korenčkovih palic
- 1 skodelica zelene, narezane na rezine
- 1 skodelica paprike, narezane na rezine
- 3 stroki česna, sesekljani
- 1 žlica posušenega origana
- 1 čajna žlička rdeče paprike
- 2 skodelici belega kisa
- 1 skodelica vode
- 2 žlici soli
- 2 žlici sladkorja

NAVODILA:
a) V velik, čist kozarec zložite cvetačo, korenček, zeleno, papriko in sesekljan česen.
b) V ponvi zmešajte beli kis, vodo, sol, sladkor, origano in rdeče paprike. Zavremo in mešamo, dokler se sol in sladkor ne raztopita.
c) Vročo slanico prelijte po zelenjavi v kozarcu in se prepričajte, da je popolnoma potopljena.
d) Pustite, da se giardiniera ohladi na sobno temperaturo, nato kozarec zaprite in ohladite.
e) Okusi se bodo sčasoma razvili, v hladilniku pa ga lahko hranite več tednov.

53. Sladke in pikantne mešane kisle kumarice

SESTAVINE:
- 2 skodelici korenja, juliena
- 1 skodelica cvetov cvetače
- 1 skodelica zelenega fižola, sesekljan
- 1 skodelica paprike, narezane na rezine
- 1 skodelica čebule, narezane na tanke rezine
- 1 skodelica belega kisa
- 1 skodelica sladkorja
- 1 žlica gorčičnih semen
- 1 čajna žlička kurkume
- 1 čajna žlička rdečih čilijevih kosmičev
- 1 žlica nastrganega ingverja
- 1 žlica soli

NAVODILA:
a) V veliki skledi zmešajte korenje, cvetačo, stročji fižol, papriko in čebulo.
b) V ponvi zmešajte beli kis, sladkor, gorčična semena, kurkumo, kosmiče rdečega čilija, ingver in sol. Zavremo in mešamo, dokler se sladkor ne raztopi.
c) Zelenjavo prelijemo z vročim začinjenim kisom in dobro premešamo.
d) Pustite, da se kumarica ohladi, preden jo preložite v čiste kozarce. Zapremo in ohladimo.
e) Ta mešanica sladkih in pikantnih kumaric je pripravljena za uživanje po dnevu ali dveh, v hladilniku pa jo lahko hranite več tednov.

54. Mediteranska vložena zelenjava

SESTAVINE:
- 2 skodelici češnjevih paradižnikov, prepolovljenih
- 1 skodelica narezane kumare
- 1 skodelica rdeče čebule, na tanke rezine
- 1 skodelica oliv Kalamata
- 1 skodelica srčkov artičok, narezanih na četrtine
- 4 stroki česna, narezani
- 1 žlica posušenega origana
- 1 čajna žlička posušenega timijana
- 1 skodelica rdečega vinskega kisa
- 1 skodelica ekstra deviškega oljčnega olja
- Sol in črni poper po okusu

NAVODILA:
a) V veliki skledi zmešajte češnjeve paradižnike, kumare, rdečo čebulo, olive, srca artičoke in česen.
b) V ločeni skledi zmešajte rdeči vinski kis, olivno olje, origano, timijan, sol in črni poper.
c) Preliv prelijemo čez zelenjavo in premešamo, dokler ni dobro prekrita.
d) Mešanico prenesite v čist kozarec, zaprite in ohladite.
e) Pred serviranjem pustite nekaj ur, da se okusi prepojijo.

55.Pikantna azijska vložena zelenjava

SESTAVINE:
- 2 skodelici korenja, juliena
- 1 skodelica redkvice daikon, narezana na tanke rezine
- 1 skodelica kumare, narezane na tanke rezine
- 1 skodelica rdeče paprike, narezana na rezine
- 3 stroki česna, sesekljani
- 1 žlica nastrganega ingverja
- 1 skodelica riževega kisa
- 1/4 skodelice sojine omake
- 2 žlici sladkorja
- 1 čajna žlička sezamovega olja
- 1 čajna žlička rdeče paprike

NAVODILA:
a) V veliki skledi zmešajte korenje, redkev daikon, kumare, rdečo papriko, česen in ingver.
b) V ponvi zmešajte rižev kis, sojino omako, sladkor, sezamovo olje in kosmiče rdeče paprike. Segrevamo toliko časa, da se sladkor raztopi.
c) Vročo mešanico prelijemo čez zelenjavo in premešamo.
d) Pustite, da se kumarica ohladi, preden jo preložite v čiste kozarce. Zapremo in ohladimo.
e) Ta kisla kumarica z azijskim navdihom je odlična kot priloga ali preliv za jedi z rižem in rezanci.

56.Indijska mešana kumarica (Achaar)

SESTAVINE:
- 2 skodelici korenja, narezanega na kocke
- 1 skodelica zelenega fižola, sesekljan
- 1 skodelica surovega manga, narezanega na kocke
- 1 skodelica narezane limete
- 1 skodelica rdeče čili paprike, narezane na rezine
- 1/2 skodelice gorčičnega olja
- 2 žlici gorčičnih semen
- 1 žlica semen triplata
- 1 žlica semen koromača
- 1 žlica kurkume
- 1 žlica rdečega čilija v prahu
- 1 žlica soli

NAVODILA:
a) V veliki skledi zmešajte korenje, stročji fižol, surovi mango, limeto in rdečo čili papriko.
b) V ponvi segrejte gorčično olje, dokler se ne začne kaditi. Pustite, da se nekoliko ohladi.
c) V ločeni ponvi prepražimo gorčična semena, semena triplata in semena komarčka, dokler ne zadišijo. Zmeljemo jih v grob prah.
d) Mlete začimbe v prahu zmešajte s kurkumo, rdečim čilijem v prahu in soljo. To mešanico dodajte zelenjavi.
e) Mešanico zelenjave in začimb prelijemo z rahlo ohlajenim gorčičnim oljem. Dobro premešaj.
f) Kumarice preložimo v čiste kozarce, dobro zapremo in pustimo zoreti nekaj dni, preden jih zaužijemo.

KIMČI

57.Napa zelje Kimchi

SESTAVINE:
- 1 napa zelje, prečno narezano na 2-palčne kose
- ½ srednje velike redkve daikon, olupljene in po dolžini narezane na četrtine,
- nato na ½-palčne debele kose
- 2 žlici morske soli
- ½ skodelice vode
- 2 zeleni čebuli, narezani na 2-palčne dolžine
- 3 stroki česna, sesekljani
- 1 žlica naribanega svežega ingverja
- 1 žlica korejskega čilija v prahu

NAVODILA:
a) Kose zelja in daikona dajte v veliko skledo za mešanje.
b) Sol in vodo dajte v ločeno majhno skledo; mešajte, da se raztopi. Prelijemo po zelenjavi. Postavite na sobni temperaturi čez noč, da se zmehča.
c) Naslednji dan odcedite in prihranite slano vodo, v kateri se je namakala zelenjava. Mešanici zelja dodajte zeleno čebulo, česen, ingver in čili v prahu in dobro premešajte.
d) Mešanico tesno zapakirajte v ½-galonski stekleni kozarec s pokrovom. V kozarec nalijte prihranjeno slano vodo, pri čemer pustite 1 cm prostora na vrhu. Tesno zaprite pokrov.
e) Kozarec pustite na hladnem in temnem mestu 2 do 3 dni (odvisno od temperature in tega, kako vložen in fermentiran želite, da je vaš kimči). Po odprtju hranite v hladilniku.
f) V hladilniku bo zdržal nekaj tednov.

58. Kitajsko zelje in bok čoj kimči

SESTAVINE:
- 3 žlice nerafinirane grobe morske soli ali 1½ žlice fine morske soli
- 3 skodelice filtrirane, neklorirane vode
- 1 funt kitajskega zelja, grobo sesekljanega
- 3 glavice baby bok choya, grobo sesekljane
- 4 redkvice, grobo sesekljane
- 1 majhna čebula
- 3 stroki česna
- 1 2-palčni košček ingverja
- 3 čili

NAVODILA:

a) Mešajte vodo in morsko sol, dokler se sol ne raztopi, da nastane slanica. Dati na stran.
b) Zelje, bok čoj in redkvice grobo nasekljajte. Premešamo in damo v majhno posodo ali posodo.
c) Zelenjavno mešanico prelijte s slanico, dokler ni prekrita.
d) Postavite krožnik, ki se ravno prilega v lonec ali skledo, in ga obtežite z utežmi za živila, kozarcem ali drugo skledo, napolnjeno z vodo. Pokrijte in pustite stati vsaj 4 ure ali čez noč.
e) Čebulo, česen, ingver in čili pretlačite v kuhinjski robot, da nastane pasta.
f) Iz zelenjave odcedite slanico in jo prihranite za kasnejšo uporabo. Okusite zelenjavno mešanico glede slanosti.
g) Oplaknite ga, če je preveč slan ali po potrebi dodajte ščepec morske soli.
h) Zelenjavo in začimbno mešanico dobro premešajte.
i) Tesno ga zapakirajte v majhen lonček ali skledo in po potrebi dodajte majhno količino slanice, da bo zelenjava ostala potopljena. Zelenjavo obtežite s krožnikom in utežjo za živila. (Uporabljam manjšo stekleno ali keramično posodo, napolnjeno s preostalo slanico, ki deluje kot utež.
j) Če potrebujete dodatno slanico ali se zelenjavna mešanica razširi, da doseže skledo, vsebuje isto slanico.) Pokrijte s pokrovom.
k) Fermentirajte približno 1 teden ali dlje, če imate raje kimči z okusom tangerja.
l) Postavite v stekleno skledo ali kozarec s pokrovom in ohladite. Postrezite kot prilogo, začimbo ali na vrhu rjavega riža na rezancih vermicelli za hitro in okusno večerjo.

59. kitajski kimchi

SESTAVINE:
- 1 glava nape ali kitajskega zelja, sesekljana
- 3 korenje, naribano
- 1 velika redkev daikon, naribana, ali skodelica majhnih rdečih redkev, na drobno narezanih
- 1 velika čebula, sesekljana
- 1/4 skodelice kosmičev morske alge dulse ali nori
- 1 žlica kosmičev čilija
- 1 žlica mletega česna
- 1 žlica mletega svežega ingverja
- 1 žlica sezamovih semen
- 1 žlica sladkorja
- 2 žlički kakovostne morske soli
- 1 čajna žlička ribje omake

NAVODILA:

a) Preprosto zmešajte vse sestavine v veliki skledi in pustite stati 30 minut.

b) Zmes zapakirajte v velik steklen kozarec ali 2 manjša kozarca. Močno ga pritisnite.

c) Pokrijte z vodo napolnjeno vrečko Ziploc, da preprečite dostop kisika in ohranite zelenjavo potopljeno v slanico.

d) Rahlo pokrijte in pustite fermentirati vsaj 3 dni. Okusite ga po 3 dneh in presodite, ali je dovolj kiselkast. To je stvar osebnega okusa, zato samo poskušajte, dokler vam ne bo všeč!

e) Ko ste zadovoljni z okusom, lahko kimči shranite v hladilniku, kjer bo zdržal več mesecev, če bo tako dolgo zdržal!!

.

60. Beli Kimchi

SESTAVINE:
- 1 veliko Napa zelje (približno 2½ funtov), na četrtine, z odstranjenim pecljem in narezano na 1-palčne kose
- 1 velik korenček, narezan na 2-palčne trakove
- 1 velika črna španska redkev ali 3 rdeče redkvice, julien
- 1 rdeča paprika brez semen, sredice in juliena
- 3 vejice zelene čebule ali drobnjaka, narezane na 1-palčne koščke
- 2 hruški (jaz uporabljam rdeče hruške, vendar lahko uporabite katero koli vrsto, ki je na voljo), brez pecljev, semen in na četrtine
- 3 stroki česna, olupljeni
- ½ majhne čebule, narezane na četrtine
- 1-palčni kos svežega ingverja
- 3 žlice nerafinirane drobne morske soli ali 6 žlic nerafinirane grobe morske soli
- 6 skodelic filtrirane vode

NAVODILA:
a) V veliki skledi zmešajte zelje, korenček, redkvico, papriko in zeleno čebulo.
b) V sekljalniku zmešajte hruške, česen, čebulo in ingver ter jih zmešajte v pire. Hruškovo zmes prelijemo čez sesekljano zelenjavo. Dodamo sol in vso zelenjavo stresemo skupaj, dokler ni enakomerno prekrita s hruškovim pirejem in soljo.
c) Zelenjavno mešanico damo v velik lonec in prelijemo z vodo.
d) Postavite krožnik, ki se prilega notranjosti lonca, da pokrijete zelenjavo in jo držite potopljeno.
e) Na krožnik postavite uteži, varne za hrano, ali stekleno sklado ali kozarec, napolnjen z vodo, da bo zelenjava potopljena.
f) Pokrijte s pokrovom in shranite na hladnem, nemotenem mestu približno en teden ali dokler ne doseže želene stopnje gostote.
g) Prenesite v kozarce ali skledo, pokrijte in ohladite, kjer naj bi kimči zdržal do enega leta.

61. Redkev Kimchi

SESTAVINE:
- 2 funta korejskih redkev (mu), olupljenih in narezanih na 1-palčne kocke
- 2 žlici grobe morske soli
- 2 stroka česna, nasekljana
- 1 čajna žlička ingverja, naribanega
- 2 žlici kosmičev korejske rdeče paprike (gochugaru)
- 1 žlica ribje omake (neobvezno, za okus umami)
- 1 žlica sojine omake (neobvezno, za dodatno globino okusa)
- 1 žlica sladkorja
- 4 zelene čebule, sesekljane
- 1 majhen korenček, narezan na julien (neobvezno)

NAVODILA:

a) Kocke redkvice dajte v večjo posodo za mešanje. Redkvice potresemo s soljo in premešamo, da se enakomerno prekrijejo. Pustite jih stati približno 30 minut, da sprostijo vlago.
b) Kocke redkvice sperite pod mrzlo vodo, da odstranite odvečno sol. Dobro jih odcedimo in prestavimo v čisto, suho skledo.
c) V ločeni skledi zmešajte sesekljan česen, nariban ingver, kosmiče korejske rdeče paprike, ribjo omako (če uporabljate), sojino omako (če uporabljate) in sladkor. Dobro premešajte, da nastane pasta podobna zmes.
d) Dodajte pasto na kocke redkvice in premešajte, da se redkvice enakomerno prekrijejo z začimbami. Dodajte zeleno čebulo in korenje (če uporabljate) in vse premešajte.
e) Začinjeno mešanico redkev tesno zapakirajte v čist steklen kozarec in pritisnite navzdol, da odstranite vse zračne žepke. Na vrhu pustite približno en centimeter prostora za glavo.
f) Kozarec pokrijte s pokrovom, vendar ga ne zaprite tesno, da med fermentacijo ne bo ušel plin. Kozarec postavite na hladno in temno mesto, kot je omara ali shramba, in pustite, da fermentira 2 do 5 dni. Vsak dan preverite kimči in ga pritisnite s čisto žlico, da ostanejo redkvice potopljene v tekočino, ki bo nastala.
g) Po dveh dneh poskusite kimči, da preverite želeno stopnjo fermentacije. Če je razvil oster in rahlo kisel okus, ki vam je ljubši, kozarec postavite v hladilnik, da upočasnite proces fermentacije. V nasprotnem primeru nadaljujte s fermentacijo še nekaj dni, dokler ne dosežete želenega okusa.
h) Kimči iz redkvice lahko uživate takoj, vendar bo med fermentacijo v hladilniku še naprej razvijal okus. V hladilniku ga lahko hranimo več tednov.

62. Hitri kimči s kumarami

SESTAVINE:
- 2 kumari, narezani na tanke rezine
- 1 žlica morske soli
- 1 žlica naribanega ingverja
- 2 stroka česna, nasekljana
- 2 žlici riževega kisa
- 1 žlica sladkorja
- 1 žlica kosmičev korejske rdeče paprike (gochugaru)

NAVODILA:
a) Rezine kumare potresemo z morsko soljo in pustimo stati 30 minut. Odvečno vodo odlijemo.
b) V skledi zmešajte ingver, česen, rižev kis, sladkor in kosmiče rdeče paprike, da ustvarite kimči pasto.
c) Rezine kumar premažemo s pasto in zapakiramo v kozarec. Pred serviranjem hladite vsaj 2 uri.

63. Veganski kimchi

SESTAVINE:
- 1 srednje veliko Napa zelje
- 1 skodelica korejske redkve (mu), juliena
- 1/2 skodelice korejske grobe morske soli
- 1 žlica naribanega ingverja
- 4 stroki česna, sesekljani
- 3 žlice sojine omake
- 2 žlici sladkorja
- 1 žlica kosmičev korejske rdeče paprike (gochugaru)

NAVODILA:
a) Napa zelje narežite na grižljaje, korejsko redkev pa julienne.
b) V veliki skledi potresemo zelje in redkvico s korejsko grobo morsko soljo. Dobro premešajte, da zagotovite enakomeren premaz. Pustite stati približno 2 uri in občasno obrnite.
c) Zelje in redkvico temeljito sperite pod hladno vodo, da odstranite odvečno sol. Odcedimo in odstavimo.
d) V ločeni skledi zmešajte nariban ingver, sesekljan česen, sojino omako, sladkor in kosmiče korejske rdeče paprike (gochugaru), da nastane pasta.
e) Ohrovt in redkvico premažemo s pasto, da sta dobro prekrita.
f) Mešanico prenesite v čisto, nepredušno posodo in pritisnite navzdol, da odstranite zračne mehurčke. Pustite nekaj prostora na vrhu, da omogočite fermentacijo.
g) Posodo zaprite in pustite, da fermentira na sobni temperaturi približno 2-3 dni. Nato ga shranite v hladilniku.

64. Baechu Kimchi (kimči iz celega zelja)

SESTAVINE:
- 1 celo Napa zelje
- 1 skodelica korejske redkve (mu), juliena
- 1/2 skodelice korejske grobe morske soli
- 1 skodelica vode
- 1 žlica naribanega ingverja
- 5 strokov česna, mletega
- 3 žlice ribje omake
- 2 žlici sojine omake
- 2 žlici sladkorja
- 2 žlici kosmičev korejske rdeče paprike (gochugaru)

NAVODILA:
a) Celotno napa zelje po dolžini prerežite na pol, nato pa vsako polovico na tretjine. Rezultat bo šest kosov.
b) Korejsko grobo morsko sol raztopite v skodelici vode. Zelje in korejsko redkvico izdatno poškropite s to mešanico slane vode, pri čemer pazite, da pride med liste. Pustite stati približno 2 uri in občasno obrnite.
c) Zelje in redkvico temeljito sperite pod hladno vodo, da odstranite odvečno sol. Odcedimo in odstavimo.
d) V skledi zmešajte nariban ingver, sesekljan česen, ribjo omako, sojino omako, sladkor in kosmiče korejske rdeče paprike (gochugaru), da nastane pasta.
e) Vsak ohrovtov list in kos redkvice premažite s pasto, tako da so dobro pokriti.
f) Zložite kose zelja nazaj skupaj, da preoblikujete celotno obliko zelja.
g) Celotno zelje prenesite v čisto, nepredušno posodo in pritisnite navzdol, da odstranite zračne mehurčke. Pustite nekaj prostora na vrhu, da omogočite fermentacijo.
h) Posodo zaprite in pustite, da fermentira na sobni temperaturi približno 2-3 dni. Nato ga shranite v hladilniku.

65.Kumarin Kimchi/Oi- Sobagi

SESTAVINE:
SLAMNICA
- 15 mladih kumaric (1,5 kg/3 lb 5 oz)
- 100 g (3½ oz) grobe morske soli, plus dodatek za čiščenje kumar
- 1 liter (4 skodelice) vode

MARINADA
- 60 g (2¼ oz) riževe moke

JUHA
- 80 g (2¾ oz) drobnjaka
- 2 mladi čebuli (glava čebula)
- 50 g (1¾ oz) strokov česna
- 50 g (1¾ oz) gochugaruja čili v prahu
- 50 g (1¾ oz) fermentirane sardonove omake
- Morska sol

NAVODILA:
a) Pripravite mlade kumare: odrežite 5 mm (¼ palca) konce in jih operite pod mrzlo vodo ter jih natrite z grobo soljo, da odstranite nečistoče s kože. Postavite v veliko skledo. Zmešajte grobo morsko sol
b) 1 liter (4 skodelice) vode, dokler se sol ne raztopi, nato prelijte kumare. Pustite 5 do 8 ur in vsakih 90 minut obrnite kumare od zgoraj navzdol. Če želite preveriti, ali je slanica končana, nežno zložite kumaro. Biti mora prožen in se upogniti, ne da bi se zlomil. Kumare dvakrat operemo s čisto vodo in osušimo.
c) Marinado pripravimo tako, da juho iz riževe moke damo v skledo. Drobnjak operemo in narežemo na 1 cm (½ palca) velike kose. Čebulice mlade čebule narežite na vžigalice in stebla po dolžini na pol, nato pa na 1 cm (½ palca) kose. Zdrobite česen. Zelenjavo zmešajte z juho iz riževe moke ter dodajte gochugaru in omako iz fermentiranih inčunov. Po potrebi začinite z morsko soljo.
d) Kumare narežemo. Če želite to narediti, položite vsako kumaro na desko in jo prerežite na dva dela, tako da konico noža postavite 1 cm (½ palca) od konca in nežno zarežete. Ko se rezilo noža dotakne deske, primite kumaro, jo obrnite in premaknite po rezilu navzgor, da se dobro loči. Enako naredimo na drugi strani, tako da kumare razrežemo na štiri palčke, ki so še vedno pritrjene na podlago. Vsako kumaro napolnite z 1 ali 2 ščepcema marinade. Marinado vtrite tudi v zunanjost kumar.
e) Nepredušno zaprto posodo do 70% napolnite s kumarami, ki jih položite lepo ravno in naredite več plasti. Pokrijte s plastično folijo in tesno zaprite pokrov. Pustite na sobni temperaturi 24 ur stran od sončne svetlobe, nato shranite v hladilniku. Ta kimči lahko naslednji dan jeste svež ali fermentiran. Kumare bodo ostale hrustljave približno 2 meseca.

66. Bela redkev Kimchi/ Kkakdugi

SESTAVINE:
SLAMNICA
- 1,5 kg (3 lb 5 oz) olupljene bele redkve (daikon), črne redkve ali repe
- 40 g (1½ oz) grobe morske soli
- 50 g (1¾ oz) sladkorja
- 250 ml (1 skodelica) gazirane vode

MARINADA
- 60 g (2¼ oz) gochugaruja čili v prahu
- 110 g (3¾ oz) navadne (univerzalne) juhe iz moke
- ½ hruške
- ½ čebule
- 50 g (1¾ oz) fermentirane sardonove omake
- 60 g (2¼ oz) strokov česna
- 1 čajna žlička mletega ingverja
- 5 cm (2 palca) pora (bel del)
- ½ žlice morske soli 2 žlici sladkorja

NAVODILA:

a) Redkev narežite na 1,2 cm (½ palca) debele dele, nato pa vsak del na četrtine. Položite jih v skledo in dodajte grobo morsko sol, sladkor in gazirano vodo. Z rokami dobro premešamo, da se sladkor in sol dobro vtreta. Pustimo približno 4 ure na sobni temperaturi. Ko postanejo koščki redkvice elastični, je soljenje končano. Kose redkvice enkrat sperite v vodi. Pustite jih odcejati najmanj 30 minut.

b) Za marinado v hladno juho iz navadne moke vmešajte gochugaru (enaka tehnika priprave kot za juho iz riževe moke, stran 90).

c) Pire iz hruške, čebule in fermentirane inčunove omake zmešajte v mešalniku hrane in zmešajte z mešanico navadne moke gochugaru . Zdrobite česen in ga skupaj z mletim ingverjem vmešajte v zmes. Por narežemo na tanke rezine in vmešamo v zmes. Začimbe zaključite z morsko soljo in sladkorjem.

d) Združite koščke redkvice z marinado. Postavite v nepredušno posodo in jo napolnite do 70 %. Pokrijte s plastično folijo in pritisnite, da odstranite čim več zraka.

e) Tesno zaprite pokrov. Pustite 24 ur na temnem pri sobni temperaturi in nato shranite v hladilniku do 6 mesecev.

f) Okus tega kimčija je najboljši, ko je dobro fermentiran, kar je po približno 3 tednih.

67.Drobnjak Kimchi/Pa-Kimchi

SESTAVINE:
SLAMNICA
- 400 g (14 oz) česnovega drobnjaka
- 50 g (1¾ oz) fermentirane sardonove omake

MARINADA
- 40 g (1½ oz) gochugaruja čili v prahu
- 30 g (1 oz) juhe iz riževe moke
- ¼ hruške
- ¼ čebule
- 25 g (1 oz) strokov česna
- 1 žlica konzervirane limone
- ½ čajne žličke mletega ingverja
- 1 žlica sladkorja

NAVODILA:
a) Stebla drobnjaka dobro operemo in odstranimo korenine. Šopek drobnjaka, čebulice obrnjene navzdol, razporedite v večjo skledo. Inčunovo omako prelijemo čez drobnjak, direktno na najnižji del. Vsa stebla morajo biti dobro navlažena. Z rokami pomagajte omako razmazati od spodaj navzgor. Vsakih 10 minut premaknite omako na enak način od dna posode do vrha stebel in tako nadaljujte 30 minut.
b) V juho iz riževe moke vmešajte čili v prahu. V sekljalniku pretlačimo hruško in čebulo ter strt česen. Zmešajte z juho iz riževe moke. Zmes vlijemo v skledo z drobnjakom. Dodamo konzervirano limono, mleti ingver in sladkor. Premešamo tako, da vsako steblo drobnjaka premažemo z marinado.
c) Postavite v nepredušno posodo in napolnite do 70 %. Pokrijte s plastično folijo in pritisnite, da odstranite čim več zraka. Tesno zaprite pokrov. Pustite 24 ur na temnem pri sobni temperaturi in nato shranite v hladilniku do 1 meseca.

KISLO ZELJE

68. Osnovno kislo zelje

SESTAVINE:
- 25 lbs. Zelje , oprano in narezano
- 3/4 skodelice soli za vlaganje

NAVODILA:
a) Zelje damo v posodo in dodamo 3 žlice soli.
b) Mešajte s čistimi rokami.
c) Pack dokler sol ne potegne soka iz zelja.
d) Dodajte ploščo in uteži; pokrijte posodo s čisto kopalno brisačo.
e) Shranjujte pri 70° do 75°F 3 do 4 tedne .

69. Začinjeno vloženo zelje

SESTAVINE:
- 1 srednje veliko zelje, na tanko narezano
- 1 skodelica belega kisa
- 1 skodelica vode
- 1/4 skodelice sladkorja
- 1 žlica soli
- 1 čajna žlička gorčičnih semen
- 1 čajna žlička semen zelene
- 1 čajna žlička kurkume

NAVODILA:
a) V ponvi zmešajte vodo, kis, sladkor, sol, gorčična semena, semena zelene in kurkumo.
b) Mešanico zavrite in mešajte, dokler se sladkor in sol ne raztopita.
c) Na tanke rezine narezano zelje damo v večjo skledo.
d) Vročo slanico prelijte čez zelje, tako da je popolnoma potopljeno.
e) Vloženo zelje pustite, da se ohladi na sobno temperaturo, preden ga preložite v steriliziran kozarec.
f) Pred serviranjem hladite vsaj 24 ur.

70. Pikantno azijsko vloženo zelje

SESTAVINE:
- 1 manjše zelje, nastrgano
- 1 skodelica riževega kisa
- 1/2 skodelice sojine omake
- 2 žlici sladkorja
- 2 stroka česna, nasekljana
- 1 žlica nastrganega ingverja
- 1 čajna žlička rdeče paprike

NAVODILA:
a) V skledi zmešajte rižev kis, sojino omako, sladkor, mleti česen, nariban ingver in kosmiče rdeče paprike.
b) Dobro premešajte, dokler se sladkor ne raztopi.
c) Narezano zelje damo v večji kozarec in ga prelijemo s tekočino.
d) Kozarec zapremo in ohladimo vsaj 2 uri, preden ga postrežemo.

71.Jabolčni kis Vloženo zelje

SESTAVINE:
- 1 manjša glava rdečega zelja, na tanko narezana
- 1 skodelica jabolčnega kisa
- 1/2 skodelice vode
- 2 žlici medu
- 1 žlica soli
- 1 čajna žlička celega črnega popra v zrnu
- 2 lovorjeva lista

NAVODILA:
a) V ponvi zmešajte jabolčni kis, vodo, med, sol, poper v zrnu in lovorjev list.
b) Mešanico zavrite in mešajte, dokler se med in sol ne raztopita.
c) Narezano zelje damo v večjo skledo in prelijemo z vročo slanico.
d) Pustite, da se ohladi, nato pa vloženo zelje preložite v kozarec in pred serviranjem pustite v hladilniku vsaj 4 ure.

72. Vloženo zelje s koprom in česnom

SESTAVINE:
- 1 srednje veliko zeleno zelje, narezano
- 1 1/2 skodelice belega kisa
- 1 skodelica vode
- 3 žlice sladkorja
- 2 žlici soli
- 3 stroki česna, zdrobljeni
- 2 žlici svežega kopra, sesekljanega

NAVODILA:
a) V ponvi zmešajte beli kis, vodo, sladkor, sol, strt česen in sesekljan koper.
b) Mešanico segrevajte, dokler se sladkor in sol ne raztopita.
c) Narezano zelje damo v velik kozarec in prelijemo z vročo slanico.
d) Pustite, da se ohladi, nato pa pustite v hladilniku vsaj 12 ur, preden uživate.

73. Jabolčno in korenčkovo kislo zelje

SESTAVINE:
- 1 srednje veliko zeleno zelje, nastrgano
- 1 večji korenček, nariban
- 1 jabolko, naribano
- 1 žlica kuminih semen
- 1 žlica morske soli

NAVODILA:
a) V veliki skledi zmešajte narezano zelje, nariban korenček, naribano jabolko, semena kumine in morsko sol.
b) Mešanico masirajte, dokler zelenjava ne spusti soka.
c) Mešanico zapakirajte v čisto posodo za fermentacijo in se prepričajte, da je potopljena v sok.
d) Na vrh postavite utež, da bo zelenjava potopljena.
e) Kozarec pokrijte in pustite 1-2 tedna fermentirati pri sobni temperaturi.
f) Okusite kislo zelje in ko doseže želeno stopnjo ostrega okusa, ga ohladite.

74. Kislo zelje z ingverjem in kurkumo

SESTAVINE:
- 1 srednje veliko zeleno zelje, nastrgano
- 1 žlica svežega naribanega ingverja
- 1 čajna žlička mlete kurkume
- 1 žlica morske soli

NAVODILA:
a) V veliki skledi zmešajte narezano zelje, nariban ingver, mleto kurkumo in morsko sol.
b) Mešanico vmasirajte, da sprostite zeljne sokove.
c) Mešanico zapakirajte v čist kozarec za fermentacijo, pri čemer zagotovite, da je potopljen in na vrh dodajte utež.
d) Kozarec pokrijte in pustite 1-2 tedna fermentirati pri sobni temperaturi.
e) Kislo zelje poskusite in ko doseže želeno pikantnost, ga postavite v hladilnik.

75. Jalapeño in česnovo kislo zelje

SESTAVINE:
- 1 srednje veliko zeleno zelje, nastrgano
- 2-3 jalapeño paprike, narezane na tanke rezine
- 3 stroki česna, sesekljani
- 1 žlica kuminih semen
- 1 žlica morske soli

NAVODILA:
a) V veliki skledi zmešajte narezano zelje, narezan jalapeños, sesekljan česen, semena kumine in morsko sol.
b) Mešanico masirajte, dokler zelje ne spusti sokov.
c) Zmes zapakirajte v čist kozarec za fermentacijo, pazite, da je potopljen, in na vrh postavite utež.
d) Kozarec pokrijte in pustite 1-2 tedna fermentirati pri sobni temperaturi.
e) Kislo zelje poskusite in ko doseže željeno pikantnost, ga prestavite v hladilnik.

76.Kislo zelje iz pese in zelja

SESTAVINE:
- 1 srednje veliko zeleno zelje, nastrgano
- 2 srednje veliki pesi, olupljeni in naribani
- 1 žlica kuminih semen
- 1 žlica morske soli

NAVODILA:
a) V veliki skledi zmešajte narezano zelje, naribano peso, semena kumine in morsko sol.
b) Mešanico masirajte, dokler zelenjava ne spusti soka.
c) Zmes zapakirajte v čist kozarec za fermentacijo, pazite, da je potopljen, in na vrh postavite utež.
d) Kozarec pokrijte in pustite 1-2 tedna fermentirati pri sobni temperaturi.
e) Kislo zelje poskusite in ko doseže želeno pikantnost, ga prestavite v hladilnik.

77. Ananas Jalapeño Kislo zelje

SESTAVINE:
- 1 srednje veliko zeleno zelje, nastrgano
- 1 skodelica ananasa, drobno sesekljanega
- 2-3 jalapeño paprike, narezane na tanke rezine
- 1 žlica kuminih semen
- 1 žlica morske soli

NAVODILA:
a) V veliki skledi zmešajte narezano zelje, sesekljan ananas, narezan jalapeños, semena kumine in morsko sol.
b) Mešanico masirajte, dokler zelje ne spusti sokov.
c) Zmes zapakirajte v čist kozarec za fermentacijo, pazite, da je potopljen, in na vrh postavite utež.
d) Kozarec pokrijte in pustite 1-2 tedna fermentirati pri sobni temperaturi.
e) Kislo zelje poskusite in ko doseže želeno pikantnost, ga postavite v hladilnik.

78.Curry Kraut

SESTAVINE:
- 1 srednje veliko zeleno zelje, nastrgano
- 1 žlica karija v prahu
- 1 žlica morske soli

NAVODILA:
a) V veliki skledi zmešajte narezano zelje, curry v prahu in morsko sol.
b) Mešanico masirajte, dokler zelje ne spusti sokov.
c) Zmes zapakirajte v čist kozarec za fermentacijo, pazite, da je potopljen, in na vrh postavite utež.
d) Kozarec pokrijte in pustite 1-2 tedna fermentirati pri sobni temperaturi.
e) Kislo zelje poskusite in ko doseže želeno pikantnost, ga prestavite v hladilnik.

79. Pomarančno in rožmarinovo kislo zelje

SESTAVINE:
- 1 srednje veliko zeleno zelje, nastrgano
- Lupina 1 pomaranče
- 1 žlica svežega rožmarina, sesekljanega
- 1 žlica morske soli

NAVODILA:
a) V veliki skledi zmešajte narezano zelje, pomarančno lupinico, sesekljan rožmarin in morsko sol.
b) Mešanico masirajte, dokler zelje ne spusti sokov.
c) Zmes zapakirajte v čist kozarec za fermentacijo, pazite, da je potopljen, in na vrh postavite utež.
d) Kozarec pokrijte in pustite 1-2 tedna fermentirati pri sobni temperaturi.
e) Kislo zelje poskusite in ko doseže želeno pikantnost, ga postavite v hladilnik.

80.Kislo zelje iz kopra

SESTAVINE:
- 1 srednje veliko zeleno zelje, nastrgano
- 3 žlice svežega kopra, sesekljanega
- 1 žlica celih gorčičnih semen
- 1 žlica morske soli

NAVODILA:
a) V veliki skledi zmešajte narezano zelje, sesekljan svež koper, gorčična semena in morsko sol.
b) Mešanico masirajte, dokler zelje ne spusti sokov.
c) Zmes zapakirajte v čist kozarec za fermentacijo, pazite, da je potopljen, in na vrh postavite utež.
d) Kozarec pokrijte in pustite 1-2 tedna fermentirati pri sobni temperaturi.
e) Kislo zelje poskusite in ko doseže želeno pikantnost, ga prestavite v hladilnik.

81.Dimljena paprika kislo zelje

SESTAVINE:
- 1 srednje veliko zeleno zelje, nastrgano
- 1 žlica dimljene paprike
- 1 žlica kuminih semen
- 1 žlica morske soli

NAVODILA:
a) V veliki skledi zmešajte narezano zelje, prekajeno papriko, semena kumine in morsko sol.
b) Mešanico masirajte, dokler zelje ne spusti sokov.
c) Zmes zapakirajte v čist kozarec za fermentacijo, pazite, da je potopljen, in na vrh postavite utež.
d) Kozarec pokrijte in pustite 1-2 tedna fermentirati pri sobni temperaturi.
e) Kislo zelje poskusite in ko doseže želeno pikantnost, ga prestavite v hladilnik.

VLOŽENI ČATNIJI IN RELIŠI

82. Chayote Pear Relish

SESTAVINE:
- 2 skodelici sesekljane rdeče paprike
- 1 čajna žlička začimbe za bučno pito
- 2 žlički soli za konzerviranje
- 3 skodelice sesekljane čebule
- 3 1/2 skodelice olupljenih, na kocke narezanih hrušk Seckel
- 3 1/2 skodelice čajota , olupljena, brez semen in zdrobljena
- 2 sesekljani papriki Serrano
- 1 čajna žlička mletega pimenta
- 1 1/2 skodelice vode
- 1 skodelica belega sladkorja
- 2 1/2 skodelice jabolčnika 5% kisa
- 2 skodelici sesekljane rumene paprike

NAVODILA:
a) V nizozemski pečici zavrite kis , vodo, sladkor, sol in začimbe .
b) Dodamo sesekljano čebulo in papriko; pustite vreti 2 minuti in občasno premikajte .
c) Dodajte c hayote in hruške .
d) Zajemajte trdne snovi v kozarce, pri čemer pustite 1-palčni prostor .
e) Prelijte s tekočino za kuhanje, pri čemer pustite 1/2-palčni prostor .
f) Spustite zračne mehurčke.
g) Kozarce dobro zapremo, nato pa 5 minut segrevamo v vodni kopeli.

83. Tangy Tomatillo Relish

SESTAVINE:
- 12 skodelic sesekljanih paradižnikov
- 3 skodelice sesekljane jicama
- 3 skodelice sesekljane čebule
- 6 skodelic narezanih slivovih paradižnikov
- 1-1/2 skodelice sesekljane zelene paprike
- 1-1/2 skodelice sesekljane rdeče paprike
- 1-1/2 skodelice sesekljane rumene paprike
- 1 skodelica soli za konzerviranje
- 2 litra vode
- 6 žlic celih mešanih začimb za vlaganje
- 1 žlica zdrobljene rdeče paprike (neobvezno)
- 6 skodelic sladkorja
- 6-1/2 skodelice jabolčnega kisa (5%)

NAVODILA:
a) Paradižnikom odstranite lupine in jih dobro operite. Olupite jice in čebulo. Pred rezanjem in sekljanjem vso zelenjavo dobro operite.
b) Nasekljane paradižnike, jicama, čebulo, paradižnike in vse paprike dajte v 4-četrtsko nizozemsko pečico ali lonec. Sol za konzerviranje raztopite v vodi. Prelijemo čez pripravljeno zelenjavo. Segrejemo do vrenja; dušimo 5 minut.
c) Temeljito odcedite skozi cedilo, obloženo z gazo (dokler voda ne preneha več kapljati, približno 15 do 20 minut).
d) Položite začimbe za vlaganje in neobvezno jezerce rdeče paprike na čist, dvoslojni, 6-palčni kvadratni kos

84. Okus vloženih zelenih paradižnikov

SESTAVINE:
- 10 lbs. majhni, trdi zeleni paradižniki
- 1-1/2 lbs. rdeča paprika
- 1-1/2 lbs. zelena paprika
- 2 lbs. čebula
- 1/2 skodelice soli za konzerviranje ali vlaganje
- 1 liter vode
- 4 skodelice sladkorja
- 1-litrski kis (5%)
- 1/3 skodelice pripravljene rumene gorčice
- 2 žlici koruznega škroba

NAVODILA:

a) Paradižnik, papriko in čebulo operemo in grobo naribamo ali nasekljamo. Sol raztopite v vodi in prelijte zelenjavo v velikem kotličku. Segrejemo do vrenja in pustimo vreti 5 minut. Odcedimo v cedilu. Vrnite zelenjavo v kotliček.

b) Dodajte sladkor, kis, gorčico in koruzni škrob. Mešajte, da se premeša. Segrejemo do vrenja in pustimo vreti 5 minut.

c) Vroče sterilne pollitrske kozarce napolnite z vročim okusom, pri čemer pustite 1/2-palčni prostor.

d) Odstranite zračne mehurčke in po potrebi prilagodite višino prostora. Robove kozarcev obrišite z navlaženo čisto papirnato brisačo.

e) Prilagodite pokrove in obdelajte.

85. Salsa z mangom in ingverjem

SESTAVINE:
- 6 skodelic na kocke narezanega nezrelega manga
- 2 čajni žlički sesekljan ingver
- 1 1/2 skodelice na kocke narezane rdeče paprike
- 1/2 skodelice rumene čebule, sesekljane
- 1/2 skodelice vode
- 1/4 skodelice jabolčnika 5% kisa
- 1/2 čajne žličke zdrobljenih kosmičev rdeče paprike
- 2 čajni žlički sesekljan česen
- 1 skodelica rjavega sladkorja

NAVODILA:
a) Sestavine zmešajte v nizozemski pečici ali loncu.
b) Med mešanjem kuhajte na visoki temperaturi .
c) Pustite 5 minut.
d) Napolnite v kozarce, pri čemer pustite 1/2-palčni prostor .
e) Spustite zračne mehurčke.
f) Kozarce dobro zapremo, nato pa 5 minut segrevamo v vodni kopeli.

86. Kisle kumarice Relish

SESTAVINE:
- 3 litre sesekljanih kumar
- po 3 skodelice sesekljane sladke zelene in rdeče paprike
- 1 skodelica sesekljane čebule
- 3/4 skodelice soli za konzerviranje ali vlaganje
- 4 skodelice ledu
- 8 skodelic vode
- 2 skodelici sladkorja
- 4 čajne žličke gorčičnega semena, kurkume, celega pimenta in celih nageljnovih žbic
- 6 skodelic belega kisa (5%)

NAVODILA:
a) Dodajte kumare, papriko, čebulo, sol in led v vodo in pustite stati 4 ure. Odcedite in ponovno pokrijte zelenjavo s svežo ledeno vodo še eno uro. Ponovno odcedite.
b) Začimbe zmešajte v vrečki za začimbe ali gazi. Sladkorju in kisu dodajte začimbe. Segrejemo do vretja in z mešanico prelijemo zelenjavo.
c) Pokrijte in ohladite 24 ur. Mešanico segrejte do vrenja in jo segrejte v vroče kozarce, pri čemer pustite 1/2-palčni prostor.
d) Odstranite zračne mehurčke in po potrebi prilagodite višino prostora. Robove kozarcev obrišite z navlaženo čisto papirnato brisačo.
e) Prilagodite pokrove in obdelajte.

87. Tomatillo in avokadov okus

SESTAVINE:
- 6-8 paradižnikov, oluščenih in opranih
- 3 trdno zreli avokadi, narezani na kocke
- 1 – 2 jalapenosa, zelo drobno narezana
- sok 2 limet
- 2 čajni žlički medu
- 1 šalotka, mleta
- 1 strok česna, mlet
- 3 zelene čebule, narezane na tanke rezine
- 1 majhen šopek cilantra, sesekljan
- košer sol in sveže mlet poper po okusu

NAVODILA:
a) Polovico paradižnika narežite na kocke in dajte v skledo. Dodajte na kocke narezan avokado, jalapenos, česen, šalotko, zeleno čebulo in koriander.
b) Preostale paradižnike narežite na četrtine in jih dajte v manjši kuhinjski robot ali mešalnik. Dodajte limetin sok in med ter nekajkrat premešajte, dokler se paradižniki ne nasekljajo.
c) Ne pretiravajte s pirejem, želite ohraniti malo teksture. Mešanici dodajte na kocke narezane paradižnike in avokado ter nekaj soli (začnite z 1/2 čajne žličke) in popra ter nežno dobro premešajte.
d) Okusite za začimbo. To bo ostalo v nepredušni posodi približno 2 dni.

88. Vložena paprika-čebula Relish

SESTAVINE:
- 6 skodelic sesekljane čebule
- 3 skodelice sesekljane sladke rdeče paprike
- 3 skodelice sesekljane zelene paprike
- 1-1/2 skodelice sladkorja
- 6 skodelic kisa (5%), po možnosti belega destiliranega
- 2 žlici soli za konzerviranje ali vlaganje

NAVODILA:

a) Zelenjavo operemo in nasekljamo. Vse sestavine zmešajte in počasi kuhajte, dokler se zmes ne zgosti in prostornina zmanjša za polovico (približno 30 minut).

b) Vroče sterilne kozarce napolnite s pekočim okusom, pri čemer pustite 1/2-palčni prostor in jih dobro zaprite.

c) Shranjujte v hladilniku in porabite v enem mesecu.

89. Vložena koruza

SESTAVINE:
- 10 skodelic sveže polnozrnate koruze
- 2-1/2 skodelice narezane sladke rdeče paprike
- 2-1/2 skodelice narezane sladke zelene paprike
- 2-1/2 skodelice sesekljane zelene
- 1-1/4 skodelice narezane čebule
- 1-3/4 skodelice sladkorja
- 5 skodelic kisa (5%)
- 2-1/2 žlici soli za konzerviranje ali vlaganje
- 2-1/2 čajne žličke semen zelene
- 2-1/2 žlici suhe gorčice
- 1-1/4 čajne žličke kurkume

NAVODILA:
a) Koruzna ušesa kuhajte 5 minut. Potopite v hladno vodo. Narežite cela zrna iz storža ali uporabite šest zamrznjenih pakiranj koruze po 10 unč.
b) V ponvi zmešajte papriko, zeleno, čebulo, sladkor, kis, sol in semena zelene.
c) Zavremo in pustimo vreti 5 minut, občasno premešamo. V 1/2 skodelice kuhane mešanice vmešajte gorčico in kurkumo. Dodajte to mešanico in koruzo v vročo mešanico.
d) Dušimo še 5 minut. Po želji zgostite zmes z moko pasto (1/4 skodelice moke zmešate v 1/4 skodelice vode) in pogosto premešajte. Napolnite vroče kozarce z vročo mešanico, pri čemer pustite 1/2-palčni prostor.
e) Odstranite zračne mehurčke in po potrebi prilagodite višino prostora. Robove kozarcev obrišite z navlaženo čisto papirnato brisačo.
f) Prilagodite pokrove in obdelajte.

90. Začinjen Jicama Relish

SESTAVINE:
- 9 skodelic narezanih jicama
- 1 žlica cele mešane začimbe za vlaganje
- 1 2-palčna palčka cimeta
- 8 skodelic belega kisa (5%)
- 4 skodelice sladkorja
- 2 žlički zdrobljene rdeče paprike
- 4 skodelice na kocke narezane rumene paprike
- 4-1/2 skodelice na kocke narezane rdeče paprike
- 4 skodelice sesekljane čebule
- 2 sveži feferoni (približno 6 palcev vsaka), narezani in delno brez semen

NAVODILA:
a) Pozor: Nosite plastične ali gumijaste rokavice in se med rokovanjem ali rezanjem feferonov ne dotikajte obraza. Operite, olupite in obrežite jice; kocke.
b) Začimbe za vlaganje in cimet položite na čisto, dvoslojno, 6-palčno kvadratno krpo iz 100-odstotne bombažne gaze.
c) Spojite vogale in zavežite s čisto vrvico. (Ali uporabite kupljeno vrečko začimb iz muslina.)
d) V 4-litrski nizozemski pečici ali loncu za vlaganje zmešajte vrečko začimb za vlaganje, kis, sladkor in zdrobljeno rdečo papriko. Zavremo in mešamo, da se sladkor raztopi. Vmešamo na kocke narezane jice, papriko, čebulo in pekočino . Mešanico vrnite na vrenje.
e) Zmanjšajte ogenj in pokrito kuhajte na srednje nizkem ognju približno 25 minut. Zavrzite vrečko z začimbami. Relish napolnite v vroče pollitrske kozarce, pri čemer pustite 1/2-palčni prostor. Pokrijte z vročo tekočino za vlaganje, pri čemer pustite 1/2-palčni prostor.
f) Odstranite zračne mehurčke in po potrebi prilagodite višino prostora. Robove kozarcev obrišite z navlaženo čisto papirnato brisačo.
g) Prilagodite pokrove in obdelajte.

91. Okus vloženih zelenih paradižnikov

SESTAVINE:
- 1 1/2 lbs. rdeče paprike , oprane in narezane
- 2 lbs. čebula , oprana in sesekljana
- 1/2 skodelice soli za vlaganje
- 10 lbs. zelene paradižnike , oprane in narezane
- 1 liter vode
- 4 skodelice sladkorja
- 1 1/2 lbs. zelene paprike , oprane in narezane
- 1 liter 5% kisa
- 1/3 skodelice domače rumene gorčice
- 2 žlici koruznega škroba

NAVODILA:
a) Sol raztopimo in prelijemo zelenjavo .
b) Zavremo in pustimo vreti 5 minut.
c) Odcedimo v cedilu. Vrnite zelenjavo v kotliček.
d) Dodajte sladkor, kis, gorčico in koruzni škrob. Mešajte, da se premeša.
e) Zavremo na sopari in pustimo vreti 5 minut.
f) Vroče sterilne pollitrske kozarce napolnite z vročim okusom, pri čemer pustite 1/2-palčni prostor .
g) Spustite zračne mehurčke.
h) Kozarce dobro zapremo, nato pa 5 minut segrevamo v vodni kopeli.

92. Vložena paprika-čebula Relish

SESTAVINE:
- 6 skodelic sesekljane čebule
- 3 skodelice sesekljane zelene paprike
- 1 1/2 skodelice sladkorja
- 3 skodelice sesekljane sladke rdeče paprike
- 6 skodelic 5% kisa, po možnosti belega destiliranega
- 2 žlici sol za vlaganje

NAVODILA:
a) Zmešajte vse sestavine in kuhajte, dokler se mešanica ne zgosti približno 30 minut.
b) Zajemajte kozarce s pekočim okusom, pri čemer pustite 1/2-palčni prostor in jih dobro zaprite.

93.Začinjena breskova jabolčna salsa

SESTAVINE:
- 6 skodelic narezanih romskih paradižnikov, opranih in olupljenih
- 2 1/2 skodelice narezane rumene čebule
- 10 skodelic trdo narezanih nezrelih breskev
- 2 skodelici narezanih jabolk Granny Smith brez sredice
- 4 žlice mešanih začimb za vlaganje
- 2 1/4 skodelice jabolčnika 5% kisa
- 1 žlica soli za konzerviranje
- 2 žlički zdrobljenih kosmičev rdeče paprike
- 3 3/4 skodelice rjavega sladkorja
- 2 skodelici sesekljane zelene paprike

NAVODILA:
a) Začimbe za vlaganje položite na dvoslojno posodo gaza. Združite vogale in jih povežite.
b) Združite sesekljane paradižnike, čebulo in papriko v nizozemski pečici ali loncu za omako.
c) Potopite breskve 10 minut v raztopini askorbinske kisline.
d) Jabolka za 10 minut potopite v raztopino askorbinske kisline.
e) V lonec z zelenjavo dodamo narezane breskve in jabolka.
f) Dodajte vrečko začimb, sol, poper v kosmičih, rjavi sladkor in kis.
g) Kuhajte 30 minut, občasno premikajte.
h) Odstranite vrečko z začimbami in jo zavrzite.
i) V vroče pollitrske kozarce napolnite salso, pri čemer pustite 1/4 palca prostora.
j) Pokrijte s tekočino za kuhanje in pustite 1/2-palčni prostor.
k) Spustite zračne mehurčke.
l) Kozarce dobro zapremo, nato pa 5 minut segrevamo v vodni kopeli.

94. Začinjen cimet Jicama Relish

SESTAVINE:
- 9 skodelic narezanih jicama
- 1 dvopalčna palčka cimeta
- 4 skodelice sesekljane čebule
- 4 skodelice sladkorja
- 2 žlički zdrobljene rdeče paprike
- 4 skodelice na kocke narezane rumene paprike
- 8 skodelic 5% belega kisa
- 1 žlica cele mešane začimbe za vlaganje
- 4 1/2 skodelice narezane rdeče paprike
- 2 sveža prsta feferonke, narezane in delno brez semen

NAVODILA:
a) Začimbe in cimet položite na dvoslojno gazo .
b) Zložite in zavežite z vrvico.
c) V nizozemski pečici zmešajte vrečko začimb za vlaganje, kis, sladkor in rdečo papriko.
d) Zavremo , mešamo, da se sladkor raztopi.
e) Vmešajte jice, papriko, čebulo in prst vročine. Mešanico vrnite na vrenje.
f) dušimo na majhnem ognju približno 25 minut. Zavrzite vrečko z začimbami.
g) Napolnite v vroče pollitrske kozarce, pri čemer pustite 1/2-palčni prostor .
h) Pokrijte z vročo tekočino za vlaganje in pustite 1/2-palčni prostor .
i) Spustite zračne mehurčke.
j) Kozarce dobro zapremo, nato pa 5 minut segrevamo v vodni kopeli.

95. Brusnično pomarančni čatni

SESTAVINE:
- 24 unč celih brusnic , opranih
- 2 skodelici bele čebule , sesekljane
- 4 čajne žličke ingverja , olupljenega, naribanega
- 2 skodelici zlate rozine
- 1 1/2 skodelice belega sladkorja
- 2 skodelici 5% belega destiliranega kisa
- 1 1/2 skodelice rjavega sladkorja
- 1 skodelica pomarančnega soka
- 3 palčke cimeta

NAVODILA:
a) Združite vse sestavine z uporabo nizozemske pečice . Zavre najvišje ; dušimo 15 minut .
b) Odstranite cimetove palčke in jih zavrzite.
c) Napolnite v kozarce, pri čemer pustite 1/2-palčni prostor .
d) Spustite zračne mehurčke.
e) Kozarce dobro zapremo, nato pa 5 minut segrevamo v vodni kopeli.

96. Mangov čatni

SESTAVINE:
- 11 skodelic sesekljanega nezrelega manga
- 2 1/2 žlici naribanega svežega ingverja
- 4 1/2 skodelice sladkorja
- 1 čajna žlička soli za konzerviranje
- 1 1/2 žlice sesekljan svež česen
- 3 skodelice 5% belega destiliranega kisa
- 2 1/2 skodelice rumene čebule, sesekljane
- 2 1/2 skodelice zlatih rozin
- 4 žličke čilija v prahu r

NAVODILA:
a) Zmešajte sladkor in kis v a zaloga. Prinesite 5 minut. Dodajte vse ostale sestavine.
b) Kuhajte 25 minut, občasno premikajte .
c) Mešanico napolnite v kozarce, pri čemer pustite 1/2-palčni prostor . Spustite zračne mehurčke.
d) Kozarce dobro zapremo, nato pa 5 minut segrevamo v vodni kopeli.

97. Brusnično-pomarančni okus z ingverjem

SESTAVINE:
- 2 skodelici svežih brusnic
- Lupina in sok 1 pomaranče
- 1/2 skodelice rjavega sladkorja
- 1 žlica svežega naribanega ingverja
- 1/4 čajne žličke cimeta
- Ščepec soli

NAVODILA:
a) V kuhinjskem robotu zmečkajte sveže brusnice, dokler niso grobo narezane.
b) Nasekljane brusnice preložimo v skledo in jim dodamo pomarančno lupinico, pomarančni sok, rjavi sladkor, nariban ingver, cimet in ščepec soli. Dobro premešaj.
c) Relish pustite stati vsaj 30 minut, da se okusi prepojijo.
d) Brusnično pomarančni okus prenesite v čiste kozarce, zaprite in ohladite.
e) Ta pikanten in sladek okus se dobro poda k perutninskim jedem ali kot praznična priloga k prazničnim jedem.

98. Chutney iz vloženih fig in rdeče čebule

SESTAVINE:
- 2 skodelici svežih fig, narezanih na četrtine
- 1 velika rdeča čebula, narezana na tanke rezine
- 1 skodelica rdečega vinskega kisa
- 1/2 skodelice medu
- 1 čajna žlička gorčičnih semen
- 1/2 čajne žličke črnega popra
- Ščepec soli

NAVODILA:
a) V ponvi zmešajte na četrtine narezane fige, na tanke rezine narezano rdečo čebulo, rdeči vinski kis, med, gorčična semena, črni poper in ščepec soli.
b) Mešanico zavremo in kuhamo toliko časa, da se fige in čebula zmehčajo.
c) Pustite, da se čatni ohladi, preden ga preložite v čiste kozarce. Zapremo in ohladimo.

99.Pražena rdeča paprika in orehov okus

SESTAVINE:
- 2 veliki rdeči papriki, pečeni, olupljeni in narezani na kocke
- 1/2 skodelice orehov, opečenih in sesekljanih
- 2 stroka česna, nasekljana
- 2 žlici rdečega vinskega kisa
- 2 žlici olivnega olja
- 1 čajna žlička prekajene paprike
- Sol in črni poper po okusu

NAVODILA:
a) V skledi zmešamo pečeno in na kocke narezano rdečo papriko, pražene in sesekljane orehe, sesekljan česen, rdeči vinski kis, olivno olje, dimljeno papriko, sol in črni poper.
b) Sestavine temeljito premešajte, dokler se dobro ne povežejo.
c) Relish pustite stati vsaj 30 minut, da okrepite okuse.
d) Pečeno rdečo papriko in orehov zalogaj preložimo v čiste kozarce, zapremo in ohladimo.
e) Ta poslastica je vsestranska priloga, odlična za namaz na sendviče ali postrežbo poleg zelenjave na žaru.

100. Ananas Mint Chutney

SESTAVINE:
- 2 skodelici svežega ananasa, narezanega na kocke
- 1/2 skodelice rdeče čebule, drobno sesekljane
- 1/4 skodelice svežih listov mete, sesekljanih
- 1 jalapeño poper, drobno sesekljan
- 2 žlici limetinega soka
- 2 žlici medu
- Ščepec soli

NAVODILA:
a) V skledi zmešajte na kocke narezan svež ananas, drobno sesekljano rdečo čebulo, sesekljane liste sveže mete, drobno sesekljan jalapeño poper, limetin sok, med in ščepec soli.
b) Sestavine dobro premešamo, da zagotovimo enakomerno porazdelitev okusov.
c) Pustite, da se čatni ohladi v hladilniku vsaj 1 uro, preden ga postrežete.
d) Ta ananasov metin čatni postrezite kot osvežilno prilogo k piščancu na žaru, ribam ali kot preliv za takose.

ZAKLJUČEK

Ko zaključujemo naše okusno popotovanje skozi «100 receptov za marinado, ki jih lahko solimo, ocvremo in pojemo», upamo, da ste odkrili veselje do spreminjanja navadnih sestavin v izjemne vložene užitke. Vsak recept na teh straneh je dokaz ustvarjalnosti, vsestranskosti in okusnosti, ki jih kisanje prinaša na mizo.

Ne glede na to, ali ste uživali v hrustljavih kumaricah klasičnega kopra, se prepustili sladkim in pikantnim notam vloženega sadja ali se navdušili nad hrustljavo dobroto ocvrtih kislih kumaric, verjamemo, da je teh 100 receptov razvnelo vašo kulinarično domišljijo. Poleg kozarcev in slanice naj umetnost vlaganja postane vir navdiha, ki bo vašim jedem dodal izbruh okusa in vznemirjenja.

Ko nadaljujete z raziskovanjem sveta vlaganja, naj bo "Pickled" vaš zaupanja vreden spremljevalec, ki vas bo vodil skozi nove kombinacije okusov, domiselne tehnike in neskončne možnosti spreminjanja vsakdanjih sestavin v vloženo popolnost. Za čudovito hrustljavost, drzne okuse in neskončno veselje kisanja – na zdravje v svet, poln pikantne dobrote!

www.ingramcontent.com/pod-product-compliance
Lightning Source LLC
Chambersburg PA
CBHW071849110526
44591CB00011B/1354